美麗樹悲歌

— 趙迺定小說集早期作品之二

趙 迺 定 著

文 學 叢 刊

文史哲出版社印行

國家圖書館出版品預行編目資料

美麗樹悲歌：趙迺定小說集早期作品之二 /
趙迺定著 -- 初版 -- 臺北市：文史哲, 民 103.04
頁；公分（文學叢刊；317）
ISBN 978-986-314-176-1（平裝）

857.63   103007065

文 學 叢 刊 317

美 麗 樹 悲 歌
趙迺定小說集早期作品之二

著　　　者：趙　　　迺　　　定
出 版 者：文 史 哲 出 版 社
　　http://www.lapen.com.tw
　　e-mail:lapen@ms74.hinet.net
登記證字號：行政院新聞局版臺業字五三三七號
發 行 人：彭　　　正　　　雄
發 行 所：文 史 哲 出 版 社
印 刷 者：文 史 哲 出 版 社
　　臺北市羅斯福路一段七十二巷四號
　　郵政劃撥帳號：一六一八〇一七五
　　電話886-2-23511028・傳真886-2-23965656

定價新臺幣二四〇元

中華民國一〇三年（2014）四月初版

自　序

　　個人從事文學創作，自 1961 年首篇詩作發表於《自由青年》以來，寫作歷史已歷半個世紀，其間對詩、散文、小說、兒童文學及評論等，均有所涉入。茲將原已於報章雜誌發表過的作品，重新檢視並予分類結集。

　　個人所以要再自行檢視，或因發表當時仍有疏漏；或因時空轉變，人生歷練不同，感悟與所得亦不同，值諸結集發表之際，因之增補其內涵，慎重其事，此或可謂「第二次寫作」。也因定義為「第二次寫作」，所以進度費工，與初創類同；惟其絞盡腦汁的苦楚，自也是苦行態勢，個人願意承受。

　　就個人早期作品之結集，其中詩集二本，分《鞋底‧鞋面—趙迺定詩集早期作品之一》、《沙灘組曲—趙迺定詩集早期作品之二》；散文集二本，分《南部風情及其他—趙迺定散文集早期作品之一》、《麻雀情及其他—趙迺定散文集早期作品之二》；小說集亦二本，分《靈與肉—趙迺定小說集早期作品之一》及《美麗樹悲歌—趙迺定小

說集早期作品之二》，合共六本。其中前五本業已出版。至於其他作品，如兒童文學等類，則將再另行結集處理。

　　本集《美麗樹悲歌—趙迺定小說集早期作品之二》，共蒐集短篇及極短篇小說共十八篇。其中發表於台灣日報及商工日報各五篇、大華晚報三篇、中央日報兩篇及台灣時報、文學界、文藝月刊各一篇。而其發表年代為 1983年至 1988 年間。本集各篇主題在（代後記）裡，均有敘述，或許對個人為何寫下各篇有所交代。

趙迺定 謹識

2013.10.28

美麗樹悲歌
—— 趙迺定小說集早期作品之二

目　　次

新鮮人

開學的第一天，我提早了二十分鐘來到教室；我一向喜歡「豫」則立。那個教室是一棟平房建築，兩面各有許多寬敞的窗戶，那一棟建築物原是做為阿兵哥營房之用的。學校由於用地不足，才由瀕臨校區的軍方將其營區用地撥交給學校，然後再由校方經過加築講台、掛上黑板、擺上講桌和課桌、椅的，就克難的當起教室了。

如果我坐的太靠近講台，我會吃到粉筆灰；而如果坐的太後面又恐怕聽不到教授的講話，所以我就選定靠右邊既不太前面也不太後面的位子坐下了。過沒多久時間，同學們就陸續的坐滿整個教室。我們這一組，在系底下再分組，一共三十來人，而其中的女生占了三分之一。

我對於新環境一向感覺新鮮，所以環視了周遭，而這個教室裡有好多男生正在吱喳交談，他們曾一起在成功嶺受過訓，所以早就相互認識了；而其餘的人則是默然而坐，等著上課。

第一堂是導師的講話，他說：「各位同學，本人代表

工管系歡迎諸位。諸位都是經由幾萬人報名參加的聯考脫穎而出的佼佼者，你們將在這裡一起度過寶貴的四年大學生活，希望諸位能夠建立相互間的友誼、互切互磋，以期安穩的度過未來四年，更希望諸位把握現在努力的充實自我，以備將來貢獻國家社會。」

接著他又說：「當然啦，本校有許多的社團，本人也深切的希望諸位參加，培養領導能力與合群的觀念；但是，參加社團應在本身有餘力才可以的，而且在選擇社團時應估量自己的興趣，萬不可盲從的參加這個社團又參加那個社團。如果一天到晚忙著活動，那到頭來不但在社團中沒有學到什麼，卻也荒廢了學業，這是非常的不值得。」

「在高中，那是填鴨子式的教育，老師教什麼，學生學什麼，而且是以考試驅使同學讀書。而在這裡，那可沒有人會管你的功課怎麼樣，沒有人會督促你讀書，你要好好的玩就好好的玩，你要努力的讀就努力的讀，但是一切的後果要自己負責；就因為再沒有人管你要不要讀書，所以奉勸諸位更應該培養自制的能力，要學習與娛樂並進，不要只會貪玩，也不要只會讀書。我們的學校不是培養玩樂專家，更不要只會死讀書的人！」

導師在自我介紹後，開場白就講了一大堆我們聽不進去的話。我們大多認為大學生活意味著可以自由生活與學習，而這也意味可以交女朋友了，更意味著有更多空閒與時間可以自由支配。有課要上就上，沒課上就回寢室休息或找什麼地方讀書或逛街的。甚至於高興就來上，不高興

就不上課，誰管得著呢？我又左右的一瞄，有好幾個同學在交談；教室裡洋溢著嗡嗡聲，有如一大群蜜蜂在尋找巢穴，而那情景也好像是在說台上導師講的話是廢話！沒有人會專心聽的。

「現在選班長和副班長了。班長和副班長是義務職，要爲全班服務。班長和副班長也是班級的代表，代表本班。所以希望選出來的人是優秀人才，才能領導本班走向團結合作並積極爭取光榮。」導師又抛出一堆的廢話。而那些廢話都是陳腔濫調，是同學早知道的，也是每個人都不愛聽的訓話。這時教室突然靜寂了，因爲要選舉班長和副班長了。

「有沒有提名的，」導師又加上一句話：「或是自告奮勇的？」

「李湘雲。」有人提名。我回頭看，那個提名的人是個高個子，有著鷹鼻。

「好，有人提名了！」導師回頭在黑板上寫上「李湘雲」三個大字。

「是哪一位？」有一位女生好奇的叫著。

於是有更多的聲音同時響起，好奇的問著：「是哪一位呢？」

導師露著牙笑說：「李湘雲哪一位？請他站起來。」

事實上，導師好像也不知道哪位是叫李湘雲。於是，我刻意的搜索整個教室，東看西看的，只見有一位方臉平頭男生推著一位鼻子很挺直的男生，示意他站起來。而那

位鼻子很挺直的男生顯得有點扭扭捏捏不大自在；想來這個李湘雲就是鼻子很挺直的那一位了。

「請大方的站起來讓我們認識，可不要像小姐一樣扭扭妮妮的不自在。」導師說著。

導師的話，頓然引起課堂裡的轟然大笑，而那位方臉平頭男生也就更用力的一拉，要那位鼻子很挺的男生站起來，於是鼻子很挺的男生才心不甘情不願的站起來，只是在情態上依然有點不自在。

「好，好，諸位看清楚沒？」導師又打趣的問著。只聽同學們異口同聲的回答：「看清楚了！」

「還有哪位？」導師又催著大家推出人選。「凌海澎。」又有一個聲音提名了。

「凌海澎哪位？」導師又一面問一面回頭寫上姓名。這時有一位白皙臉孔的男生站了起來，每個人都望著他。而他站了起來，一下子的就又坐回去了。

「兩位都是男生，怎麼辦？女生有沒有興趣？今天是男女平等的社會，女生總不能落後呀！」導師鼓吹女生提名。只見女生面面相覷，沒有那一位想推薦誰，或許她們也是今天才認識的，大家不熟；也或者人家說的女生善妒，哪個人也不服哪個人，而似乎這也是沒有錯的。

「女生究竟是女生，羞答答的，這樣好了，我按錄取排名提一位，沈怡！沈怡哪位？」導師說著。

沈怡站了起來，是一位白皙有胖胖圓臉的女孩，戴一付耳環；而全班就只有她戴著耳環。後來我才知道，她是

北一女的畢業生，也是組裡榜單上的第一名。

　　導師接著又說：「在班裡，正副班長分由男女生來擔任，各項活動比較容易推動。現在候選人有三位，二男取一，而女生則為保障名額。不論男、女，哪個人票高哪個人當選為班長，諸位有沒有什麼意見？」事實上，對我來說彼此陌生，誰來當班長、副班長的，我無從選擇，也不會在意。

　　「還有哪位願意自告奮勇的！」在投票的前一刻裡，導師又補充了一句話，他鼓勵大家踴躍的提名。接著導師往台下環視了一圈，他看到大家都沒動靜了，沒人要提名的了；於是他說：「那我們開始投票，先提名先表決，贊成李湘雲的舉手。」我看了一下，有十幾隻手舉了起來，此時我也跟著舉手湊熱鬧。

　　突然的，有一位聲音宏亮的人吆喝著：「一○九連，一○九連的兄弟們！」那呼喊聲簡直是要把那種軍隊裡同生共死的革命感情呼喚上來一樣的，很是英雄氣概，很振奮人心的。我回頭一看，正是那位方臉平頭的男生在吆喝著，也就是提名李湘雲的那個人，並且也是推著李湘雲站起來的人，於是舉手的人又多了四、五個。

　　「十九票。」導師在黑板上寫上贊成的票數。

　　「贊成凌海澎的，舉手！」

　　我一想我剛剛已經投票，現在沒有我的事了。事實上，那兩個男生，我都不瞭解，自然沒有好壞之分，誰來當都一樣。而這時，周玉山扯著我的衣角小聲的說：「舉手呀，

投他一票。」

「我剛剛已經舉過手了！」我訝異的囁嚅的說著。

「那有什麼關係！」周玉山說著。

接著他又扯一扯我的衣角，催促著，於是我又舉手了。而這也好，對我來說，那表示這兩個人都夠資格當，也都不夠資格當，無分軒輊的。

「十七票。」導師計算了一下，在黑板上寫下得票數。

「十九票，已過半數，想來沈怡就不用表決了。李湘雲當班長，沈怡是副班長；男生對外交涉方便一點，男生當班長也好。」導師宣佈選舉的結果，而同學們也響起了鼓掌聲。

我瞄了周玉山一眼，他正瞪著兩個大眼珠子默不作聲，好像不高興的樣子，我不知道他為何會這樣的。周玉山，他是我進學校認識的第一位同學。

「請班長起來為我們講幾句話？」那個方臉平頭的男生又帶頭鼓掌慫恿著。這時全班的同學又是一陣的鼓掌，好像很熱烈的歡迎著。其實，有些人的鼓掌是為了鼓掌而鼓掌。

「很謝謝各位的支持，謝謝。各位有任何需要我服務的，請儘管提出來，我將盡力為各位服務。」李湘雲站了起來，或許他還有一點兒不自在，所以就不自覺的兩手叉著腰際說著話，樣子有一點兒流味。

「聽說大學生可以交女朋友了！」又是方臉平頭的男生在發言起哄，他好像天生不甘寂寞。而他的話也頓然引

得全班同學轟然大笑，而事實上，他的問話應該也是許多大學同學的心聲與盼望了。

不待班長答覆，接著他又央求著：「幫我介紹幾個女生嘛，盡力服務嘛！」這時全班的男生更是轟堂大笑，有的笑得前俯後仰，有的笑得咧著嘴久久合不攏，而那大大張開的嘴巴，好像可以裝進一個大西瓜一樣；而女生則含蓄的抿著嘴在笑。

「當然，這也是服務項目，有適當人選當代為介紹，不過就一個好了，又何必要幾個呢？」班長好像競選鄉下縣議員的候選人一般，弓著身子誠惶誠恐的開著空頭支票。

「一個不夠，多幾個好選擇。」對方又討價還價要求。

「好。」此時，班長又弓著身子，一臉皮笑肉不笑的滿口答應了。

導師看著大家笑鬧夠了，於是他又耳提面命的提醒大家說：「在大學裡找對像或者找理想朋友是應該的。而學校的生活最是單純的了，沒有權力的鬥爭，也沒有貧富貴賤的分別，也沒有社會的壓力。每位同學都是同樣的一個單元，大家都一樣，而且諸位只是有幸共同的在一起學習，相互間並沒有任何差別性。何況朝夕相處四年，諸位或許會更加相互瞭解，而在相互瞭解的基礎上選擇異性朋友，這也是很應該，很理所當然，只是諸位別忘記了諸位的身分。」

導師又說：「諸位仍是學生的身分，仍在學習階段，因此結交異性朋友的目的是在功課上的互切互蹉，所以情

感上的問題要以不妨礙功課爲原則，千萬不要因爲交到異性朋友而荒廢了心神與學業，萬一功課當掉了或者重修了，那是很不值得的。」

接著還說：「尤其要提醒男生，千萬不可只將時光耗費在追求女朋友的身上。所以要特別聲明一下：第一、是男生向來主動，第二、是本校女生只有十分之一。當然本班很榮幸的有二分之一是女同學，在比率上甚高的，機會也比較多。但話又說回來，我希望本班同學應是如同兄弟姐妹的互切互磋功課，情同手足的相互幫忙協助，萬不可以發生任何意氣之爭。」

最後，導師宣佈下課了。而此時，有的同學走出教室，有的人去上洗手間，而有的人則仍然安坐不動。而我是走出教室的人，因爲教室的牆邊有一個「佈告欄」，那上面貼著中央日報、中華日報和新聞報等三份報紙，而已有很多相互間並不熟的同學站在那裡，冷冷然的逕自在看報。

次日，我仍然很早到校，我坐在昨天才坐過的位子上。忽然有一個橢圓形的臉孔飄進教室裡，她的鼻子高挺，眼睛也是大大的，披著一頭秀髮怯怯的走進教室，沒有左顧右盼，而只是直視著前方前進著。望著她挺直的鼻子，我禁不住叫著：這女生鼻子好挺直呀。我留意著看她到底要選那個位子坐下，可沒想到，只見她一個轉身就坐在我鄰座的位子上了。這時候，我才仔細的回憶著，乖乖隆叮咚，昨天她不也是坐在那個位子上的嗎？我怎麼都沒有感覺得到呢？我在心裡不禁咚咚響了起來。

　　這一節是微積分，老師還沒來。我翻翻那些看不懂的符號，也有意無意的瞧瞧她，我一連看了她幾次。而當她發覺我在看她的時候，她也偶而會拋一個媚眼過來。那拋過來的媚眼令我感到欣喜與雀躍，我不禁暗暗下定主意要追她。打從小學開始，我就一直習慣在全是男生的班級上課，現在突然有女生坐在旁邊，怎不令人心動呢。

　　我第一次跟她開口講話，是在佈告欄前。我記得很清楚，當時是第三節的下課時間。早來的同學已看過報紙了，所以佈告欄前就只剩下幾個人，而當時我正在看中央日報的國外版，她走過來，似乎她也是喜歡看副刊的人。而當我發覺她站在我的旁邊時，我的心就又很不自然的咚咚的亂跳著。我好想啟齒跟她打招呼，可是那幾句客套話依舊留在我嘴裡直打轉，就是鼓不起開口說話的勇氣；而她仍是若無其事的在看副刊。雖然如此靜默了一、兩分鐘時間，但在我的感覺上那是很長的一段時間了，而那僵持的氣氛是很令人難予忍受的。

　　我為了解決那種難耐的氛圍，最後我終於很不禮貌的說出一句很笨拙的問話，我說：「妳叫什麼名子？」

　　「黃有蘭。」黃有蘭說。

　　「那裡人？」我又追問了一句。

　　「新營。你呢？」她反問我。

　　「高雄。」我說。

　　「高雄，那你是雄中了。」

　　「不，是雄商，妳呢？」

「南女。」她說。

這些普通應酬話講完，而我也詞窮了，再也接不下去。我搜刮枯腸再也找不到任何談話或者問話的資料，氣氛又沉悶了下來。而在那種靜默氣氛裡，她沒有走開，而我也不好意思先走開；何況我確實也沒有要離開的念頭。我頂著空洞的腦袋，傻傻的怔在那裡。適巧這時「鈴」的一聲，上課鈴聲響了，我如釋重負的丟下一句話，我說：「上課了。」我拐頭就跑，急急走開，但在我心裡，我仍浮現著一份輕鬆與欣悅，因為我終於跟她開口說話了，我把那一份陌生打破了，而這就是進展。

第四節是會計學，我的頭依舊昏昏沉沉的，有點發熱，而老師在講什麼，我一點也無法聽得進去。這簡直是奇怪的事，我們相互間是開口說過話了，也打破相互間的緘默，算是打過招呼的人了，此時我反而不敢再看她一眼，我不知道這是為什麼。

接連下來幾天裡，我們都坐在相鄰的那兩個的位子上，我們只偶而交談一、兩句話，諸如早安、再見的問候語或者借鉛筆、刀子的。

方臉平頭那個男生叫許可麟。有一天，我在走廊上碰到他，他很神秘的告訴我說：「黃有蘭沒有胸部，腿也好粗。」

「哦！」我淡淡哦了一聲，一則表示我的懷疑，再則也表示我的不知情。事實上，我沒有仔細瞧過她，我一直只留意她有挺直鼻子和大大眼睛而已。

「你說奇怪不奇怪，兩個禮拜以來，她總是穿著裙子來上課。」

「哦！」我仍是簡單的哦一聲。我確實有一點不高興他那麼多嘴和愛批評別人。何況我也不知道他為什麼私下裡要和我說這些，會不會因為他們感覺到我是多瞄了她幾眼！

暗地裡，我還真有點高興別人知道我對她有意思；因為她的臉型是那麼美，而她的情態又那麼嬌羞，我自忖連打算鼓起勇氣追她都會感到光彩。可是我又想到萬一追不到呢？那多沒面子呀。而且正如許可麟所說，她沒胸部，腿也好粗，而這是她的缺點嗎？為什麼她要沒有胸部呢？為什麼她要腿好粗呢？為什麼她不會是十全十美的女生呢？我傻傻的自問著。

開學期間，我每天到共同科系教室去看書，我是職校生，英文一直不好，我深怕跟不上別人，所以只得希望和黃有蘭保持同學關係而不敢侈望有進一步進展與盼望。我一再提醒自己，做學生要用功讀書，一直到我能跟得上別人，也就是跟得上那些建中、北一女畢業生的程度，我才敢採取行動追她；我的功課好，對她來說，如果她和我做朋友，那也是較有面子的。

又過了幾天，突然有一天早晨，很奇怪的，當我走進教室，黃有蘭已在座，而她的周圍坐滿那些一〇九連的人，計有許可麟、李湘雲、林光華、謝四發，他們四個人正好坐在黃有蘭的前後左右四個位子上，而連同黃有蘭五個

人，幾乎就成了一朵梅花。他們把我的位子擠掉了，我感到很失望的換了個位子，我離開了與黃有蘭並排的座位。

有一天，那是大概已經上課一個多月的事了，班長在第四節下課後宣佈說：「今天下午兩點，有校際女籃冠亞軍賽，是本系對外文系，希望各位同學踴躍參觀加油。在這裡要特別聲明，本班有黃有蘭在循環賽中的表現非常的優異，她是本系女籃隊的首席健將。」

我在心中「哦」了一聲，女籃隊，黃有蘭，首席籃球健將，哦，我該去加油！

下午我到了籃球場，比賽已經開始，只見工管系女籃隊把球傳過來又傳過去，就傳到黃有蘭的手中，而黃有蘭則矯健的穿梭於對方球員之中，左一個中籃，右一個中籃的，連連得分，於是工管系就爆出一聲聲的喝采。也許外文系輸太多，沒有面子，所以後來外文系的動作也就越來越粗魯野蠻。經過幾場的賽局，工管隊都是所向無敵，而使外文系深切瞭解到戰況的不利，導因於黃有蘭。所以外文系就派出兩個高頭大馬的人緊盯著黃有蘭，她們東一個阻擋，西一個牽制的，使得黃有蘭再也沒有機會投籃了。

延至終場，黃有蘭雖受制於無法施展絕技，但因比數原本就相差懸殊，因此工管系仍然穩操勝券，大獲全勝。

黃有蘭穿著白色的短褲、白色的短衫球衣，她矯健的縱橫在籃球場上，而她的腿肚就更加顯露，胸部也更平坦。她若非下圍圓渾，簡直就像男生一樣，而這一目睹，真使人有點失望的，因為她真的並非十全十美。我看著黃有蘭，

連一絲絲的笑容也沒有，而黃有蘭也默默傳過來幾個冷冷眼神。事實上，看到她不很勻稱的身裁，我的喜歡度已大打折扣，但是我仍然站在那裡加油，大概是一廂情願自以為可以鼓舞她的球場鬥志吧。

「打得這麼好，恭喜，恭喜，以前打過？」次日得空我恭維了她一下。

她淡淡淺淺的笑說：「那裡，只是打過而已。」後來我才知道，她在高中時也是女籃校隊，她真是「真人不露相」。

緊接著，李湘雲就衝過來邀約黃有蘭下午一起去打排球。

「好呀。」她爽朗的答應。而這一來，可見她不僅會打籃球而且會打排球。

我一聽到班長邀她，雖然我已沒有心情想去追她了，但我仍不免有淡淡醋意。

「你打不打球？」黃有蘭偏過頭望我。

我本來想說要去的，可惜我一向不善於球類運動，我怕出醜，所以就借故說，我會計學還沒看而不敢答應。

晚上我從共同科系回來，加上洗澡已是十一點半了。「趙老大，好久不見呀！」許可麟躺在床舖上跟我打招呼說。

「怎麼好久不見呢？」而這「好久不見」的字眼很令我訝異。

「我們是鄰舖，每天我睡覺，你還沒有回來；而當我

早上醒來，你已經不在了。而今天，我終於是張著眼睛醒著的遇到了還沒有睡覺的你，當然要說好久不見了！」許可麟調侃著。

其實，這也是事實，我每天睡得晚起得早，很少和同學打交道，因此竟連隔壁床位的許可麟都好久沒有交談。

「禮拜天，我們要到烏山頭去郊遊，每個人交三十元車費，要去的請舉手。」星期三，班長宣佈說。

於是一○九連的同學都舉了手，而女生舉手的也有一大半。而當我準備舉手，周玉山扯扯我的衣角，輕聲說：「不要去，最好讓他們去不成！什麼意思嘛，就只他們玩在一起。」

舉手結果，共有二十三位願意去。下課，我問周玉山說：「為什麼不去？」

周玉山說：「人家在一起玩，才不要你去打擾，人家就是希望你不去！」

「最好我不要去！」我很訝異的說。

對於郊遊這件事，我的認知是：這是班上的活動，應該希望大家都能去，除非有特殊、緊急的事情以外；其實大家都應該參與。雖然我很少跟同學接觸，互動不多，因為我儘量抽出時間去圖書館看書。原本我想趁著郊遊的機會多多認識班上同學，哪知道竟被列入「不受歡迎」的人物，因為我不是他們那一伙兒的。可是我還是不太懂這件事，為什麼我是「不受歡迎」的人，我既沒有得罪他們，也沒有講過他們的壞話呀。

「人家每天在一起玩排球,可曾邀請過你了?人家只是藉機開支班費呀!」周玉山看到我一頭霧水,又補充說。他這番話對我來說,簡直是一個天大秘密,是我萬萬料想不到的。

禮拜天,他們到烏山頭去郊遊了。

而他們在次日的禮拜一,就列出一張收支表,班費補助共支出四百五十元;也許正如周玉山所說,那是在藉機開支公費。開支公費我無權反對,那是團體的事,但黃有蘭整天和他們在一起,倒使我心酸。為什麼她不等我讀好書呢?

「禮拜六回不回家,要不要南下?」有一天我問黃有蘭。

「回去,我禮拜天要回去。我通常兩個禮拜回去一趟。」

「那妳搭那一班車?」我很自然的問著。

「下午一點半。」

我下定決心要跟她一起同車回南部,雖然我並沒有告訴她。她家住鄉下,還要再往南走,而我則要到高雄,所以有一段車程是相同。而那時在車上,我們就比較可以自由交談,多多互相瞭解。

下午,我在車站門口苦等著,只是不見黃有蘭的倩影出現,而開車時間已快到了,因此我按捺住那份期待去排隊買票。而當我排在蜿蜒的購票行列,黃有蘭和李湘雲相偕出現了。我看到他們的出現,我的心又一陣的絞痛。

「你也要回去嗎?」黃有蘭看到我,有點訝異的問著。

「是呀，妳車票買好了沒？」我說。

「沒有。」她說。

「那我幫你買。」我說。

於是我和他們兩個人一起搭車，而這是明朗化的一刻，我和李湘雲兩個人都心裡有數，知道對方是情敵。我看著他憤怒的表情恰似準備戰鬥的鬥雞，我感到非常好笑，而我一點兒也不憤怒，且早已打算退讓了。因為他們兩個人可以相偕的出現，表示關係好，我又何必自作多情？

星期天，我在下午回到了寢室。原本我已經告訴過王應森的，我在中午會去學校；而且我以為他應該在這個時間回宿舍來找我。可是我沒有看到王應森的人影，我猜著他沒找我的原因？他不是約好要把單車還我嗎？單車是他知道我要回家，特地跑來向我借的。我一想大家都是同學，我一回家，車子也用不到了，他要借就借給他。

可是我已經回來了，而他到現在還不來還我的單車，真是的！他要用單車，我也要用呀！校園那麼大的，到餐廳吃飯、上圖書館讀書都要用到單車。如果要上街買個什麼東西的，那就更非要有單車不可了；否則我只得耗費半個鐘頭或一個鐘頭去走路了，而這他也應該要知道的，可是他卻真不夠意思。等好久了，還是沒有看到他的人影，這真是令我很生氣；後來我熬不住了，只得上樓找他。「車子呢？」我問著王應森。

「車子掉了！」他語氣平靜的說，好像他是局外人一樣，而車子掉了也與他不相干的。接著他拿著兩把鑰匙在

我面前一晃；我瞄了那串鑰匙，那鑰匙確是我的單車鑰匙沒有錯！我大吃一驚傻傻的問著他：「怎麼會掉呢？」

「昨天去看中山堂的電影，我放在那裡，散場就不見了。我找了很久就是沒有找到，警衛也知道我掉了單車，不信你可以去問！」王應森冷冷的說，好像掉了車子不關他的事一樣。

他這麼一說，還真讓我不知所措；我真的很可惜我的那輛單車。那輛單車原是我哥哥回鄉下的新港國中教書時買的，很時髦，細細瘦瘦的車桿骨架子，有點流線型，那是很輕巧的所謂「跑車型」的單車！

後來哥哥到國外讀書，單車就留在家裡了。還有九成新的嘞，而且在送到台南成大以前，我還特地換過前、後輪胎。我這一想真的更生氣了，我真的火大了。我質問他：「車子掉了，你怎麼辦！」他傻眼悶聲不響，好像在以不吭不響為頑抗、抵制，又好像是茫然無助的可憐蟲。我看著他無動於衷，我是越想越惋惜我的單車，而且車子掉了，他竟不先來告訴我，還要我找到他才說。像這種人，也真是太自私了，太不夠意思了。他是那麼的不負責任，偏要我來找他，才肯告訴我車子掉了；而且即使找到了他，他還是那麼的一派輕鬆，掏出兩把鑰匙搖一搖、抖一抖，沒有任何的一句道歉話或是悔意，這真是太豈有此理了！

「車子掉啦，你怎辦？」我再度追問他。

他還是默不作聲，手裡搖著那兩把鑰匙！我火大的說：「車子掉了，給我鑰匙有什麼用！」我轉個身，火大

的下樓了。

　　到了樓下，我正好遇到許可麟，我氣憤的說：「我的車子掉了！王應森向我借的，掉了，沒道理，掉了車子還不來告訴我，還要我去問他。」

　　「你那輛跑車啊？」許可麟問著我。

　　「是呀。」我說。

　　「怎麼會呢？」他睜大了眼睛。

　　「他說是昨天在看校方在中山堂提供的免費電影，被偷的。」

　　後來單車掉了的事也不了了之了，他沒有還我車子，而我也再沒有跟他提起過是否應該賠償；而他更是擺出一付事不關己的樣子，好像車子掉了是「車主」活該！他也不提賠償，也沒有任何共同負擔的意思，而我也沒有跟他再提車子丟了的事。但是從此我不再和他講話，除非萬不得已；因為我認為他欠缺人性！是不足與談的人。

　　隔天，許可麟又過來打聽：「聽說禮拜天，你們三個人一起同車回南部。」

　　「是呀，一道搭車。」我淡淡的說。

　　「黃有蘭很漂亮。」許可麟好像自言自語的說：「黃有蘭有位表哥和我們一起受訓，他表哥曾央請李湘雲照顧黃有蘭。」這是我始料未及的，原來他們還有這麼一層關係，也怪不得兩個人好像很熟。

　　期中考就快到，此時我更沒有心思去管別人的閒事了。每天我更是很晚才回寢室，卻又更早離開寢室，我把

所有的時間都耗在共同科系教室裡看書。

　　期中考後沒幾天，我遇到了許可麟。他說：「聽說王應森有四科不及格，照這樣下去會二分之一當掉的！」期中考後，早有傳說王應森功課不好，我正想問問別人求證，沒想到許可麟幫我證實了這件事。

　　許可麟又說：「他呀，每天陪著舞女、酒女玩麻將！」照他的語氣，好像陪舞女、酒女玩麻將和功課不好是劃上等號的。

　　我大吃一驚的說：「什麼，玩麻將！他怎麼會跟她們廝混呢？」在我這個鄉下人的想法，或者是當時社會風氣的灌輸下，舞女、酒女是不好的女人！而且打麻將也是賭博行為，是社會立法所禁止的。何況我又認為大學生，書讀的多，理應將來做一個社會的中堅份子；大學生活應該是很純潔的才對，他們還沒有受到社會敗壞風氣的薰染！怎麼也沒有想到的，竟有同學會打麻將，而且是和舞女、酒女在一起打麻將。

　　許可麟大概看出我的驚訝，他又解釋說：「他們分租同一幢房子嘛。」

　　這時我才恍然大悟，而我也突然想起，好像真的很少看到他來上課，我突然想證實這一件事，所以我很是好奇的問著：「好像很少看到他來上課！」

　　「是呀，每天他不是忙著回家裡幫忙賣山產做生意，就是晚上打打麻將。每天都太累了，早上起不來，怎麼上課呢？」許可麟好像在講一個遠古的事情，與他全然無關。

「你知不知道那些酒女呀、舞女呀，她們有時是穿著三角褲打麻將的！」許可麟說著，他自己都有點竊竊的笑意，他壓低聲音，神秘的說著。

「什麼！」這真是駭人聽聞的大新聞，還有這碼子怪事呀，我驚叫了起來，再怎麼樣的想也想不到會有這種事情發生。

「聽說是天氣太熱，而又沒有冷氣設備；所以她們乾脆就不穿裙子或外褲了，只穿著一條三角褲。」許可麟一邊笑著，一邊說著。

期中考成績一科科的發表了，經過統計：有二分之一沒過的如王應森，也有三分之一沒過的，有好幾個人。可是大伙兒愛跳舞的仍然照樣跳舞，而愛郊遊的仍然郊遊去，好像成績不及格是家常便飯的事，不用當一回事。

每個人在高中時被束縛住的心，在上了大學以後，突然全被釋放了。他們都獲得了完完全全的自由，而這使得很多的人一時不能適應，在把持不住、定不下心的情況下，有些人就只會整天的玩玩玩。

「星期天說要到大貝湖去玩，你去不去？」周玉山問我說。

「我不去！」我有上次的經驗，周玉山曾說過「人家並不歡迎你去」，所以這一次的郊遊，他問的，我當然斷然拒絕了。

「不去也好，我已經連絡了七、八個人，我們要讓他們去不成！」周玉山滿懷把握的說著。而這一來，班裡似

乎就有所謂的「在朝」、「在野」之分了，在朝派的提議，在野派會一律反對。

星期六，是報名登記去大埤湖郊遊的最後截止日，由於經過許多人的抵制與反對，果然報名人數不夠一輛車，於是班長靦腆的沉痛的宣佈取銷這次的郊遊計畫，而這是在野派的一大勝利。在野派個個都心裡暗自高興，因為給在朝派一點顏色看了。但是，大埤湖郊遊的事情還沒有了結，還在餘波盪漾。

在星期一那天，班長來到我的桌子面前說：「交五元。」事實上我早已聽說交五元是幹什麼用的，那是因為去大埤湖郊遊的計畫取銷，導致租車定金被沒收而要大家共同分攤，但我仍裝傻的問著：「做什麼用！誰說要交的。」

「拜託，拜託啦。」班長擺出一副可憐相。我望著他，瞪了他一眼，不甘心的久久的才掏出一枚五元硬幣給他。

輪到班長向周玉山收錢時，周玉山是滿臉不高興的說：「誰說要交的？不給！」而此時，班長仍是一臉哀求之色：「拜託，拜託啦！」

周玉山站了起來，睨了班長一眼，最後他把五元硬幣狠狠往地上一丟說：「拿去！」我站了起來，深怕他們兩個人會衝突。

幸好，班長仍是一臉嘻皮笑臉、卑屈的為了那五元硬幣，他俯下身撿起並連聲道謝，好像一點也沒有感受到污辱，也或許他是大人大量不和人計較。接著，他又去向別人收錢去了。

　　經過了三個月大學生活，李湘雲和黃有蘭已是形影不離了，他們是公認的班對！

　　可是有一天，很奇怪的，黃有蘭竟又坐回我隔壁的那個位子，那是她進大學第一堂課時所坐過的位子，而李湘雲則坐到最後面的位子，這是許久以來所未曾發生過的大事，我當然感覺得到事情有些變化！

　　晚上回到了寢室，許可麟告訴我說：「他們兩位不合了！」

　　「為什麼！」我訝異的問著。

　　「不知道呀，好像兩個人在情感上有些衝突。李湘雲不再理睬黃有蘭了。」

　　「這怎麼可以呢！想當初追人家追得那麼緊的。」我幼稚的說著。在我來看，我似乎認為追上了一個就要跟定她一樣，好像非如此不能說是有始有終，愛情不貳。

　　「他說他和黃有蘭在一起的目的，只是在暗追沈怡而已，並不是在追黃有蘭。」許可麟又說。

　　「怎麼可以這樣說呢？有一次我們三個人搭車南下，他看到我也在那裡的時候，他的那種神色呀，就像是準備戰鬥的公雞呀，紅著脖子瞪著眼的。他不是在追她，那他是在追誰呀！你告訴他，他必須好好的對待黃有蘭，你對他說，這是我說的，追人家追得那麼起勁，同學們都已經知道他們在一起了，怎麼可以追到了手就丟？」我為黃有蘭憤憤不平的說著。

　　過了兩天，我觀察著他們，他們還是互不理睬的，僵

局尚未打開，好像他們真的是吹了。直到第三天，他們兩個人卻又坐在一起有說有笑了，似乎雨過天晴了。

「李湘雲道了歉。」許可麟偷偷的告訴我。許可麟可真是廣播電台；一有什麼八掛新聞，他就「放送」了。

而聽到這麼一句話，我倒是很高興；對於有始有終的愛情，不也是美事一椿嗎？世界名著裡寫的愛情都是不變心的忠貞呀。

一個學期一晃的就過去了，大一下的期末考終於又來了，而這使得每個同學都緊張了起來，收斂起散漫的心，也就是那些原本喜歡郊遊、打球的，也都收心搶位子看書了；一下子，讀書的氣氛瀰漫了整個班級。

「趙老大，明天幫我佔個位子。」許可麟說。

「怎麼啦，不打球啦！」我打趣的說。

「期末考到了，怎麼好意思還打球呢，拜託啦，幫我佔個位子。你一向早起，比較佔得到位子，我遲去恐怕就沒有好位子了！」

「好呀！」我爽快應允著。

次日，我早早的到共同科系教室佔位子，卻只見每張桌子上都擺放了一本書。很明顯的，那表示有人佔這個位子了。接著，我跑到大圖書館去，乖乖隆叮咚，那裡也是滿座，座無虛席；然後我又慌慌張張的跑到工學院教室，總算找到一個空位子！期末考到了，再沒有人有心情去管別人的八卦閒事，或者「放送」八卦的事，更也沒有人去管「在朝」、「在野」戰爭的屁事了。

　　而對許可麟來說，我也只得說抱歉了，因為共同科系教室或者大圖書館都沒法為他佔個位子，我真的不知道他要流浪到哪裡去看書了！但是，如果說許可麟會流浪到最偏遠的工學院教室，我想那也是天大的笑話而已！因為在這種情形下找不到位子，他一向都會心安理得的留在寢室裡看書；而我就不行了，因為我喜歡大家一起靜靜讀書的氣氛。

　　　　　　　　　（曾刊 1983.03 文藝月刊 165 期）

奶奶好久沒看到月亮

「奶奶，我走了，Bye-Bye —— 。」

望著小孫子正明回頭打招呼的影子，奶奶晃著踉蹌的腳步趕到門口巴結的說：「中午早點回來呀，我做蔥油餅給你吃。」蔥油餅是小孫子小時候最愛吃的。

「不啦，奶奶，我中午和同學一起吃飯，就是上次和妳說過的那位長髮女孩。」

「好，好，那就下午早點回來好了。」奶奶仍然抱著一絲的希望。她是多麼的希望有個人陪伴著她，就是不講一句話也是好的。奶奶只想知道有個親人在這個屋子裡，而這就夠令她快慰的啦。奶奶獨自一個人看家，常令她深陷在寂寞中。

「奶奶，我不是告訴過妳了嗎？我現在是大四了，下了課還要去看書。我要準備高考和留學考，這可不是輕鬆的事呀。所以，我們吃過飯就直接去圖書館，我下午不回來了。」

　　「啊，對了，奶奶真是老糊塗了，怎麼又忘了呢。」奶奶一下子就感到寂寞似一尾長蛇正在吞噬她的心。而這日子又將是沒有講話的對象，而在這種寂寞虎視眈眈下，自己仍要不甘心的去煎熬著。

　　或許有三、四天了吧，正明每天中午都沒回來吃午飯了，奶奶真的好想他回來吃午飯。正明也是運氣好，聯招的學校那麼多，就偏偏讓他考上在家附近的大學，才不過要十分鐘路程就到校了；非但省了在外住宿、搭車的費用和浪費許多時間的麻煩，而且中午還可以回家吃一頓熱騰騰的飯菜，休息一下。

　　「媽，我走了。」兒子原雄推著一臉笑容說著。原雄是奶奶身邊惟一的兒子，而另外兩個兒子都留在大陸，音信全無，生死未卜。奶奶嚍著嘴，看一看原雄。他正提著公事包準備上班，看他那種匆忙勁兒，她突然有點不高興的，冷寞的、不吭聲的望了他一眼。原雄好像沒有感覺到氣氛有什麼不對，不知道又有什麼事正在醞釀著！他仍如往常急匆匆的穿上皮鞋，急匆匆奔下樓。

　　原雄是不服老的人，都六十好幾啦，退伍以後仍不懂得享清福，偏要去接什麼專科學校的課，每天匆忙的趕著搭車，也要忙碌的準備講課資料，還要批改學生作業。他有時還要忙到三更半夜，而這也著實讓為娘的心疼不已。

　　都說他幾次了，教授職的工作可以退掉了，已經犧牲

奉獻了一輩子，也該好好在家享清福，不是很好嗎？也該讓年輕的去忙、去累，可是他怎麼回答呢？竟推說自己是勞碌命啦，越忙越有精神，而這真是哪門子的話，又有誰會聽得懂。

　　她的媳婦接著也走了。頓時，三、四十坪大的房子裡，突然一下子冷清了起來。空空洞洞的，就只有奶奶靜靜的坐在大沙發上呆想默想著而已。她望了一眼時鐘，這時才早上八點多，那可還要再熬十個鐘頭，到傍晚以後他們才會一個個回家。而在這十幾個鐘頭的空檔裡，也只得自個兒獨自一個人百般無聊的忍受著孤獨與寂寞。

　　「唉！」奶奶嘆了一口氣。她突然感到心裡很是煩躁，甚至於對他的兒子、媳婦和孫子都有點不諒解。她想著：他們怎麼可以把一個老人家丟在偌大的屋子裡呢，而且不聞不問的通通走了，各自上班、上學去了，而這真是像什麼話呀！如果正明今天要回來吃午飯，那麼現在她不就可以開始調麵粉、揉麵粉了嗎？而且她現在也可以開始清洗青蔥、切菜的，這一來，時間一下子就可以消磨掉的。

　　她一向認為忙碌是治療空虛和無聊的良藥；可是小孩子也會長大，而正明都大四了，長得也跟大人一樣高了，也該交女朋友了，她怎能為疏解自己的孤單與寂寞而要求正明陪在老人家身邊呢？

　　至於大孫子，他還在服軍官役，雖是常有信件回來，

但總像隔了一層，見不到人影，也聽不到他的聲音。奶奶
還記得大孫子小時候最為調皮搗蛋。他常常躲在奶奶背後
數著奶奶的白頭髮，甚至伸手去拔。他說他要奶奶年輕，
不要奶奶長著白頭髮。可是，大孫子那麼一拔的，也常痛
得奶奶不禁要叱責他，而他卻還是拍著小手叫著：「奶奶
有白頭髮不好看，有白頭髮不漂亮。」想到這裡，奶奶就
不自覺的攏一攏那一頭的白髮。前日自己曾攬鏡一照，那
頭白髮可不是昔日的幾根而已，而是白髮蒼蒼，甚至於連
一根黑髮都很難發現了。如果她硬要勉強的找，也只有寥
寥幾根半黑半白的灰髮，那是勉強可算有點黑色的味道。
奶奶順手把茶几上的報紙拿來瞄了一眼；而報紙上那斗大
的標題，霍然讓她心驚膽跳了起來。

　　「哇，又是宵小趁著主人不在家偷東西。」奶奶自言
自語說著：「小偷真是越來越多了，也越來越猖獗了，而
這些小偷到底有沒有父母呀，怎的他的父母都沒有教好他
們呢。他們為了什麼就是要專幹那種不勞而獲的勾當呢。」

　　奶奶吃力的讀著那些新聞裡的內容，但那一行一行的
鉛字體，一入她的眼裡就成了模糊，讓她有如置身五里霧
中一樣。而這時的她，不得已的就踱蹀到臥房去了。她把
她的老花眼鏡拿了過來，而報紙上的那些鉛字體也才清晰
起來。她專心的讀著報紙上的消息，那則消息是這樣的：
「木柵訊」主婦上街買菜，家中無人，宵小就趁虛而入，

翻箱倒櫃的搜刮財物，估計損失五十萬元，其中內含現金三萬元、金項鍊二條、鑽戒二只，正報警追查中。」

奶奶放下報紙喃喃罵著小偷，也罵著那主婦太粗心了。在銀行裡不都有保險箱出租嗎？怎的不花點小錢租個箱子存放，而卻在家裡擺那麼多值錢的東西幹嘛！她罵著罵著，突然的就沒來由的恐懼了起來；她不自覺的躞蹀到鐵門那邊去，仔細的查看鐵門是否上了鎖。沒錯，阿蘭是從外面把門鎖上的，那是三段式耶魯鎖；但奶奶還是很慎重的把門扣扣上，如此一來就內外都扣上了。而這種作為似乎這樣就可以把外面的世界摒棄掉一樣，而把安全鎖在家中。

「是該放心的，鎖好的，阿蘭一向很小心謹慎的。」不過，說真的，宵小如果開得了門或者把門破壞了進來呢，奶奶一個老人家手無縛雞之力，沒有什麼作用的，也只有拱手奉上財物了，又能怎樣？

記得常有這種新聞，小偷假扮推銷員或修理水電、瓦斯的人，趁機翻箱倒櫃；甚至撞見主人也不怕，反而一下子變成了強盜，露出猙獰面目，用搶、用槍、用刀無所不為，甚至於看上年輕女人，搞得人家人財兩失。想想這個社會，由於奢靡風氣，漸漸的都走上「盜無道」的地步，而那可不是以往的「盜亦有道」的地步了，那些強盜已更為無章法，社會治安因之更被腐蝕了；而想到時下社會治

安的敗壞，奶奶就不禁的要哆嗦。

「如果，唉！」奶奶又嘆了一口氣。她感到偌大的房子裡只是一片空洞。房間大，是累贅而不是舒適了，空蕩蕩的，置身其中就有如置身蠻荒之中，陰森、蕭索、孤寂的。

她把報紙拾起來，企圖用專注閱讀克服驟然浮現的驚悸；但不一會兒工夫，她就感到眼睛有點乾澀，很累、很不舒服，她不耐煩的把報紙丟在飯桌上。如果這時孫子還小，甚至還在襁褓中，那段時光有多好呀。記得媳婦把孩子生出來還未彌月就急著去上班了。當時，奶奶還真有點不高興的認為，媳婦輕輕鬆鬆的去上班了，而自己卻在家裡又是奶瓶又是尿片的忙個不停，忙得到了晚上就倒頭呼呼大睡。

在白天裡，她簡直一點空閒時間都沒有，甚至於短暫憩息一下，能喝上一口茶都是天大享受；而今兩個孫子都盤大了，連那個小的都要大四了，很快就要畢業。

「那段忙碌的日子，反而是多麼的令人懷念呀。」奶奶望著空曠小茶几自言自語著。或許在鄉下就好了，記得以往在眷村的生活，那裡又是平房，又是出入方便，又有庭院可以種花植草的。何況左鄰右舍大伙兒熱呼呼的，沒事就在巷子口擺龍門陣，一面打著毛線衣、修理著家俱、縫補衣服，也一面耍著嘴皮聊天、話家常。這時奶奶突然惦念起鄉下那種有澄藍的天空，白雲如飛絮飄飛著，而皎

月也把月光灑滿一地，把庭院裡的小花小草都籠罩在溫馨、柔和的氣氛裡的日子了。

「多久沒有看到月亮了！」奶奶突然吃驚的自言自語的說著：「對呀，自從正明快上高中的時候，也就是搬來台北以後的事。算算也有七、八年的時間，怎麼在這七、八年裡竟然沒有見過月亮呢？」

奶奶仔細的回想著，該不會是台北沒有月亮吧，也或許是自己晚上太難得出去的，不然就是一出門就擠進了人群堆裡，擠在櫛比鱗次的高樓大廈裡，所以連月亮都被遮掩住了，又有誰見得到月亮的光輝呢。在都市裡就只剩下馬路旁那些擺地攤的耀眼的照明燈光了，也只有那些燈光照在琳瑯滿目的百貨上，又有那個想見月亮的人，能見得到月亮呢？

當然啦，若是想見見月亮，上到頂樓也是辦法，但對一個老年人來說，上二樓都是累人的事了，哪還有氣力再上到五層樓的樓頂呢？當然啦，也或許因為最近一直疏於留意天上的月亮，毋怪乎不記得看過月亮了。

「鈴。」電話鈴聲突然一響，把奶奶嚇了一大跳，而她的思緒也頓然恢復到眼前。也不知道會不會有壞人打電話探虛實，奶奶抱著忐忑不安走向電話機。

「喂——。」奶奶囁嚅的呼喚著。

「媽，你好嗎？中午我要去買件純綿襖，妳喜歡什麼

顏色的，是藍色的還是黑色的呢。」兒子在電話線另一頭
連珠砲似的說著。奶奶知道這是原雄打來的，她這才放下
忐忑的心。兒子一向孝順，關心親娘，他怕親娘在家裡一
個人太寂寞無聊，所以常抽空打電話回來。

　　「沒有關係啦，什麼藍色的、黑色的都好啦。」奶奶
的聲音有點沙啞的說著。孤獨令她很不自在，而且她並不
是崇尚物質生活的人，她要的只是親情的慰藉與照顧而
已，她說：「不過，晚上我要看月亮！」

　　「什麼？看什麼？看 —— 月亮！」對方一頭霧水，摸
不著頭腦的說著。

　　「就是看月亮呀，看看月亮呀！」奶奶加重語氣的說。
寂寞又包圍了過來，在這空洞屋子裡仍然只有奶奶一個人
孤單的靜坐在沙發椅上。她突然懷念起眷村裡的小英了，
就是那位喜歡和人家鬥鬥嘴的丫頭呀，她話匣子一打開就
收不住了。

（刊 1983.06.09 台灣時報）

暴風雨之夜

　　或許她真的有點偏財運，她打牌總是十拿九穩，贏錢的機會多；而且最近幾年以來，阿茱更是好運當頭，每打必贏。打牌簡直成了她的大甜頭的副業，甚至於有當主業的架勢。靈不靈不知道，但如果在心裡計畫著買個什麼東西，打起牌來就更加順手了，而且每每在雷厲風行之下，經常佔著秋風掃落葉的獨贏局面。

　　阿茱甘冒十四級強風出門，也是因為最近的賭運真是亨通；她還沒撐好雨傘，雨傘就被吹翻了。反正她已全身濕漉漉，索性就把雨傘一丟，快步的越過馬路。路旁油加利還是挺拔傲然的佇立在風雨中，這幾年來她最喜歡這棵樹了，看它不畏風雨、堅挺的氣勢，就讓她為之癡迷而佇望良久。馬路上人煙稀少，只有幾部公車和計程車依舊在颱風侵襲下，以蝸牛的速度慢慢行駛著。阿茱一穿過馬路，才發現路旁橫列著一大堆斷枝殘葉，有乾枯的斷枝，有鮮嫩的斷枝，而卻被風雨活生生的扯下了，而如果以樹木的種類來區分，有芒果、有楊柳和榕樹的枯枝殘葉。再不然，

就是被掀翻的雨淋板碎片和水泥的破瓦片等，顯露出一幅面臨飽經風雨摧殘的狼狽相。

　　陣陣的颱風夾著驟雨吹襲，呼嘯的風雨擊在身上，冰冷的感覺使她遽然哆嗦著；其實這種天氣也沒有真的那麼冷，只因為衣服都淋濕沾在皮膚上，才會感到特別的冷峻，或許這就是所謂的失溫吧。

　　「或許不去算了！」阿菜遇到這麼大的風雨，是有點想打退堂鼓，有點遲疑的。

　　「喔，不，這個禮拜完全沒有打過牌，連手都癢了；何況在這颱風天裡又不要上班的，不正是打牌消遣的好時刻嗎？」

　　風雨每隔短短幾秒，就呼嚕的吹掃了過來，她瑟縮在樓柱旁，兩眼直瞪著街頭，雖然也還有幾部計程車開了過去，卻都不是空車。而在風雨的追擊下，時間似乎靜止了，過得很慢。過約莫二十來分鐘，阿菜也不知道自己哆嗦了多少次，她這才招來了一輛計程車。阿菜急速的用手按住車門的開關，想要把車門拉開，以便坐進去。

　　可是，她打不開那道車門；而那司機也只探頭冷冷的問著：「到那裡？」

　　阿菜從冷得有點黯紫的雙唇，其實那是她自己的猜測而已；只是她一向如此，天一冷兩唇就發紫，她蹦出幾個字說：「敦化南路。」

　　「一百塊。」司機一如那時的天候，嚴峻的冷冷的說。

　　「怎麼那麼貴，平時才卅塊而已。」

「颱風天嘛！」司機一面說一面把後車門打開。那司機似乎可以肯定阿茱一定會上車的。這時阿茱還是有點不情願的上了車，她私底下還罵著司機：「敲竹槓！」

阿茱坐上舒服的沙發椅，很快的就忘了剛才的不快，她只一心陶醉在以往打牌的往事裡，那是經常的聽牌，以及胡了一條龍的。人家都說打牌有鬼，而這實在不能不相信，她在以往還只在過年過節和親戚、朋友相聚才偶而玩一玩而已。但是，最近她的手氣很好，所以就接連一個月打十來天是常事，打得昏頭昏腦、萎靡的，她的兩眼發紅發麻直打盹著，也不見有任何的後悔。

當她進了林府家，客廳裡菸霧迷漫，王太和李太已在沙發椅上輕夾著紙菸在閒話家常了。而阿茱略為頷首招呼，此時就見到林太也衝進了客廳，而當她還來不及相互打招呼時，林太已嗲聲嗲氣的叫著：「唷，我的小姐呀，終於等到妳啦。」

阿茱雙手攏一攏自己的頭髮，那是她一向的招呼動作，她含著抱歉笑著說：「颱風天，車子不好叫，來晚了。」

王太一向性子急，她倏的站起身來說：「既然大家來了，都到齊了，那麼就趕快開始玩吧，今天反正是颱風天，就打個卅二圈好啦。」

「打到通宵好了。」李太也一旁附合著。

林太在椅子上坐下，她望了一眼阿茱，那樣子似在等著她的回答。而這時的阿茱也慢條斯理的說：「卅二圈就卅二圈吧。」

　　風雨很大，很驟急。而屋裡的三根紙菸又點燃了，一個個煙圈吐向空中，在密閉不通風的空氣中擴散著。窗外風雨呼呼叫嘯著，雨淋板也被吹掀了，拍打著屋頂而發出「啪噠，啪噠」的聲音。屋子裡，但見蠋光搖晃著，把四個女人的背影映照在刷過油漆的雪白牆壁上。

　　她們四個人的八隻雪白柔荑，不時的在桌面上和著麻將，而後如同建築工人般熟練的砌著麻將牌。她們砌出了一道道的長龍狀，而後往前一推就圍堵成了四方城。於是，在那四方城裡就迷漫著誘人的玄妙與貪婪、不勞而獲與狡滑奸詐了。

　　風雨仍然呼呼的叫著，牆上的人影也跟著晃動游移，有如鬼魅猙獰著，也有點恐怖。阿茱數度望著牆上的人影，隱約感到有些恐怖與不祥正發生著。但她不想被那不祥的情緒控制，所以她就趕緊埋首在前面的「條子」、「萬子」和「筒子」裡了。她也想著那挺拔的油加利樹，她企圖從那綠油油的樹葉裡搜尋自己的心安。時光很快的一寸寸的溜逝了，但沒有哪個人覺察得出來，時間過得那麼的快速。

　　她們在牌局當中，已經沒有所謂日出日落；她們只會專注於別人丟出來的牌或者自己摸進來或丟出去的牌而已。而這是鴉雀無聲的靜寂，這牌局就是專心一致的戰鬥，是金錢輸贏的角力，沒有哪個人會願意跟錢過不去的。

　　她們從早上打到了下午，又從下午打到了晚上，而風雨仍在叫嘯著，仍在嘩啦響著。她們只在吃飯時刻裡，才會暫時停歇片刻，並以麵包和三明治之類的簡單食物草草

裏腹；天下的事再沒有什麼比打牌更重要了。而在卅二圈打下來，有偏財運的阿菜還是有偏財運。她的手氣一如往常，正如颱風般輕易的就橫掃了其他的牌友。

「又輸了一千元。」林太叫著，惋惜著。

「我是八百三呀！」王太一面打開手提包數著錢，一面頗不以爲然的說著。而她的那個樣子好像就是在說：我的手氣真的不該這麼「䋾」呀。

李太則一臉黯然，她下意識的不停的輕拍著桌子。

「不好意思啦，不好意思啦，真是貪財呀！」阿菜推開椅子淡淡的說。阿菜這時瞄了一瞄掛鐘，她瞿然而驚，時間竟然已是晚上十一點，夜是深了。她伸了個懶腰想著：「可不知阿南吵不吵的。」

阿菜急急下了計程車，她這才猛然發現路面積水，一片汪洋。

「什麼鬼天氣嘛！」阿菜咀咒著，一步步的涉向積水。

黑暗，黑暗，黑暗，天空裡黑暗得看不見任何一顆星星；只有風雨仍在呼嘯著，也只有樹葉仍在沙沙作響。身旁就只有雨淋板被吹打得鬼哭神嚎的。阿菜有點膽怯，她試圖回憶剛剛的戰果，那是她盛況空前的戰果呀，她想用那戰果來鎮定自己的心情：「手氣還不錯嘛，贏了六千多，而這是我半個月的薪水哩。」

冷風颼颼的吹著，阿菜不自覺的顫抖著把手提包打開；她把那一疊贏來的鈔票掏出來，洋洋得意的握在手中，就好像掌握了喜悅一般，而這令她自己心安不少。她得意

的想著：這六千元就給阿男買個玩具火車吧，那是上次他吵著要買而沒買給他的，還有的就是她先生的生日也快到了，就買塊衣料給他做西裝褲吧。

阿苿一面盤算著一面不自覺的加快了腳步。突然，她很想念她的兒子——阿男。她急著要告訴阿男，媽媽決定要買給他玩具火車了。阿苿想著，如果阿男知道要買玩具火車給他，也不知會有多高興的。

黑夜確實太黑暗了，黑暗得令人毛骨悚然。突然，阿苿一個踉蹌的感到腳底好像被什麼東西扎了一下，扎得又痛又麻。而她手上那疊錢也不自覺的掉落一地。她蹲下身子撫著足踝，她感到腳趾頭黏黏的，依常識判斷好像在流血，而且還有一塊皮要掉不掉。突然她很後悔自己不該在颱風天裡出來打牌，不管自己的牌運是如何的好。

此時，她也發覺臉頰碰觸到斷枝上的葉子，而那斷枝的氣息還散發出一點點樟樹的清香味道，突然她感到有不祥兆頭。那斷枝不細，似乎是樟樹被攔腰折斷了。「就連那麼茁壯的樟樹竟然也耐不住颱風侵襲，何況人呢？」她突然感到天旋地轉。她試圖自己站起來，但那碰傷的腳丫板麻得使她無能為力。於是她又一個踉蹌，整個人就撲倒在柏油路上了；而那樟樹的葉子依舊隨著風雨在飄舞著。

（刊 1983.10.06 商工日報）

變

　　他一個跳躍就跨上了腳踏車，他穿著木屐的雙腳一上一下熟練的踩踏著踏板；他已經有很久的時間沒有騎過腳踏車了，也沒有任何機會穿上木屐過癮了。而從他北上以後，他上下班或是出門都是以公車或者計程車代步的；至於那種穿上木屐的感覺，就連在浴室裡也唯恐把磁磚損壞而不用了。

　　記得小時候，他一入夜就穿上木屐，而把「匡噹匡噹」的響聲敲落在石子路上，他把夜的寧靜也踩碎了，把鄉村的寧靜也踩碎了。而那種記憶是很令人懷念的；所以他每次回到家鄉以後，他總是急不可待的換上木屐，他想讓童年歲月再次歌唱，而這樣一來他就會感到無限溫馨與充實感。

　　他騎著腳踏車，把整個人拋在「街仔內」逡巡著，他似乎有所期待的，不時的瞄一瞄那馬路旁新蓋的樓房。三十年來，在這不大不小的城鎮裡也隨著台灣經濟的起飛而蛻變，也或者說在逐步走向繁榮了。而兩旁的屋宇盡是由

原來的木頭平房而改建成四、五層樓高的水泥洋房。在這
鄉村裡，雖偶而仍會有雞、鴨、牛等的在馬路上漫步；但
那種昔時的閒散農村生活已漸漸自熙來攘往人群的眸海裡
失落了。很多人不再「日出而作日入而息」了，他們開始
忙碌於工廠的生產、商業的買賣。那種昔時百分之百的農
業人口，一下子就只剩下百分之三十了；雖然這裡的地理
環境沒有太多變化，仍是處在嘉南大平原上，而田野裡仍
是長著茁壯的秧苗，但那些從事農業的人口確實已大幅減
少。

　　「沒有！」他輕哼了一聲。

　　「或許那個市場裡有吧！」他自言自語著。

　　　他將腳踏車的手把抓得更緊，他在用力的踩踏著腳踏
板，而車子也左右擺動一下就飛快往前衝了。他進到市場，
他只見到一個個竹搭的蓬子裡都是空蕩蕩的。而這時已是
下午時分，鄉村裡的市集收攤得早，何況春節剛過，買菜
的人當然還很少，因爲在節前已買了太多東西，人們還在
「消化」著年節前買來的菜呀、魚、鴨、雞、豬的，顧客
也少了，所以攤販更是打烊得早。那些傳統市場的一景，
那些雜沓的爛菜、碎葉，還有香菸蒂和紙屑、紙袋，還有
使用過的塑膠袋等都被清理得乾乾淨淨的了。而那些原本
就充滿在整個空氣中的魚腥味、肉羶味也沖淡了一些，只
有那些以市場爲家的蒼蠅仍停留在臭水溝旁邊。它們或者是
在竹蓬上、竹架上，它們正懶洋洋的在晒著下午的陽光呢。

　　　偶而有行人走過來，它們才會把午夢打斷掉，把它們

驚嚇得亂飛亂舞。待行人走過去之後，風不再飄動的時候，那些蒼蠅們才又趴回到水溝邊和竹架上。他跳下腳踏車，把木屐踩在柏油路面上，「匡噹匡噹」的走著，頓然的他又回到小時候的歲月，他的那份童年充實感一下子就回到他的心中。

「從沒有如此快樂過了！」他叫著，忘情的吁了一口氣。他一手按在腳踏車坐墊上，緩緩的推著腳踏車前進，他的兩眼不停的逡巡著四周。

「哦，那裡有，那裡有！」突然他興奮的叫了起來。

他發現在他前面的那個拐角處，有一小堆人群正圍聚在一起，他知道他們是和蒼蠅同一族類的一群，至少都是偏愛日光浴的那一群。他急不可待的趨向前去看，就如同饞嘴貓兒無可避免的見到腥羶一樣的就會往前趨近。而那裡聚攏了七、八個人，他感到他的手心裡是有一陣子的手癢起來，他不自覺的伸進他的口袋裡摸了一下那沉甸甸的一大疊鈔票。

「非得好好的大幹一場不可！」他嘀咕著。他一陣興奮與雀躍浮上心頭，他禁不住的就如同看到那三流的黃色電影一樣的湊了過去，或許他的「賭癮」早就根植在內心裡，而那是一個無可避免的劣根性。

他記得在他初中時，他每天都要搭北港線小火車通學。而那種小火車就是那種糖廠主要是專門用來運送甘蔗呀、糖包呀等的小火車。那種小火車是走起路來不停的「匡噹」響的車子。他們幾個同村來的小孩就經常在半途下車，

躲進小火車站裡玩牌賭錢。於今，糖廠小火車是停駛了；那是由於工商業發達以後，蔗糖的經濟價值沒落了，以及各地的柏油路四通八達興建起來以後，也就再也沒有人會去眷戀那種小火車了。而在當時，那小火車雖是慢慢爬行的工具，卻也仍然曾經有過一度的大好風光。

　　在那個候車站裡，由於當地原本就乘客稀少，所以平時裡那個小站並沒有站務員駐守賣票、剪票，而只是偶而的才會有稽查員或旅客在那裡換車、搭車而已。

　　小站四周都是翠綠白甘蔗園區，風一吹來就一片飄揚飛舞，而「嘶嘶」的叫著。而如果是在夜幕低垂時，那種情景還真會令人毛骨悚然的。在那時，我們躲在車站裡玩牌，總是一玩就是好幾個鐘頭的時間，簡直把自己的心神都押注下去了。而那時的瘋狂是夠瘋狂的了，就只為了幾毛錢的賭注而已，竟然把功課都拋在九霄雲外，每個人的心裡頭就只知道著玩一玩與賭一賭。

　　他把腳踏車停在攤位旁，三步併兩步的擠進人群堆裡。他流露出貪婪眼神。他從那些聚攏著的肩頭望了進去，那場裡是在玩著「三六仔」；那種賭博是賭骰子的一、二、三、四、五、六的數字。那種賭博其實是再簡單不過的，沒玩過的人看一下也知道怎麼玩的了，不像檢紅點、接龍或者下象棋、玩橋牌、玩圍棋等，還要有人指點說明一番才會玩的。他盯著那紙板上標明的數字，一、二、三、四、五、六等的六個大字。

　　而在那紙板上，已經有人分別押上幾張票子，那些票

子大多是十元、五十元的票子，這個賭攤僅僅只是小賭博
而已。他環視一下周圍，這個地方並沒有別的賭博攤了。
這裡就只有這個小攤子了；而這麼小小的賭注而已的，他
也只得將就了。

　　「好了，好了，開囉，開囉！」莊家喊叫著。那些還
想押注的手或遲疑不定的手，一隻隻的縮了回去，有的是
把錢留下來在紙板上的，而有的是把錢又縮了回去的；而
他是還在猶豫不決的人，到底該下哪一個的號碼。大家轉
而屏息注視著那個小小的磁碗，這裡沒有風吹，也沒有蒼蠅
在飛舞，大家都在等待著掀開底牌，一翻兩瞪眼輸贏立判。

　　莊家蹲坐在小板凳上，他抬起頭來威儀萬千的巡視了
一下人群，在這個場子所有的人都要聽他的。這個小圈子
是自成天地的，裡頭佈滿著僥倖、貪婪與賭運氣的荊棘與
陷阱，這裡沒有蒼蠅的飛舞，更沒有人群的囂嚷。莊家看
到每個人都在屏息以待，他這才心滿意足的一手按在小磁
碗上，又再次吆喝著：「開囉，開囉！」接著他手隨聲動，
就把小磁碗很輕輕的、很優雅的、很斜著的往外的一掀；
緊接著就是人群裡有一聲聲的唉聲嘆氣的蠕動響起，而另
外的就是還有一些夾雜著一絲絲微微歡欣的笑聲，那是押
中的人的歡欣。

　　有一個人，他苦喪著臉不敢置信的嘆息著：「怎麼又
是三個六！」依照阿土對機率的瞭解：那骰子是由六個面
組成，各面出現的或然率為六分之一，其機率是相等的，
所以這種賭博，莊家跟其他的「賭博腳仔」的輸贏面是相

等的，本來是很公平的「零和遊戲」。但骰子在製作上，先天的就常因有意或無意的因素，導致各個面的重量不同，或者說是不均衡，所以在投擲時就常會有點數集中的趨勢，而這些知識都是阿土在大學時才學到的。

從初中開始賭上那麼一次之後，或許是誰欠了別人的賭債沒有還的關係，不久一伙人才就此輕易的瓦解了。而他也從那個時候開始就不再眷戀任何賭錢的事了，他甚至於連看都不屑一看的了。而且他是很中規中矩的去上學，從初中而高中而大學，自此他順順當當的也從不做任何投機取巧的事情。

但這並不是說，阿土就此再也沒有賭博的念頭了，他只是把賭博的情緒昇華而已。阿土仔細的觀察莊家的投擲骰子一、二十次之後，他發現骰子很肯定的偏向四五六那三面，而這就是一個大好機會。對一個曾經多讀過書的人而言，那就是他站在絕佳贏面的機會。阿土把手伸進到口袋裡抽出一張綠綠的百元鈔票，他的心頭直跳著，而他的手心濕漉漉不爭氣的在泌著汗；他把錢捏成一團，微微顫抖著手把錢擺在大「六」字的上面。

阿土這個百元券的下注，在一些紅票子的當中那是顯得有點鶴立雞群；就好像阿土現在是光鮮的台北人，而不是那種沒見過世面的下港人一樣。

莊家抬起頭來，有點訝異的、深深的盯了阿土一眼，似乎想要看透阿土那個貪婪的心一樣，而這使得阿土的心又怦怦跳得很是不自在。

「押好了，押好了，開囉，開囉！」莊家又死死板板的吆喝著。他的那個嗓音單調得一如夏蟬的嘶嚎。

「要有六點囉，要有六點囉！」阿土瞪直雙眼，在小磁碗上打轉著注視著，他在心裡暗自禱告著。莊家的手優雅的輕輕的一掀，阿土瞪大的雙眼忽然的就亮了起來，三個面都是六點的迎向著他，那是一種旗開得勝的驕傲。

「美麗的三個六點，可愛的三個六點！」阿土顧不得他人的側目忘形的驚呼起來。

「賠了，賠了！」莊家吆喝著，有點做作，那聲音很是宏亮。他把其他五面的小鈔票都攏在面前，而後才慢條斯理的一張一張的攤平疊好，然後合進他左腳踩著的那疊髒兮巴拉的鈔票堆裡去。而後他才又把壓在腳底下的錢用左手的食、中二指夾出一疊來，然後他用右手大姆指和食指在嘴唇上沾上了一些口水。那些口水的作用就是為了把錢一張張的分離開的算著，免得黏在一起，變成兩張數為一張，發生錯誤；而後莊家數出了三張百元鈔券，而後他才又緩緩的遞出鈔票往阿土的眼前送過去。

阿土排開人群，把押注的票子都拾了回來，他並且伸出手去接住莊家遞過來的鈔票。而這兩個人的手就那麼樣的在半空中默默的停留了幾秒鐘，阿土突然感到很是心悸，那是沒來由的心悸；說真的，在氣勢上來看，阿土的氣勢是略遜一籌的。

或許那是對不當之財的太過於貪婪的一種自然反應！阿土並未在意這種不祥的兆頭。他緊接著就連著押注了

五、六回，而他的運氣真的很「薣」，所下注的錢都被莊家吃掉了。阿土的運氣真的是太蹩腳了，但他卻越輸越不服氣，也越不自我警惕。

而這時在他的腦海裡，就只浮現出那教統計學的那位留美年輕教授的影子了。他記得在那門課上，那位教授是給了他九十幾分的高分，可見他是讀得多好的呀。他也想起，既然賭的機會是相等，或許可以用一些技巧或者任何的方法去反敗為勝。這是他當時想到的：那就是他第一次就只賭個一張而已，贏了就接著還是賭個一張。而如果是輸了，那他就賭個兩張啦。而在第二次，不管是賭一張或者是兩張，如果是贏的話，他就又恢復那個賭個一張的；而如果輸了的話，那麼是輸一張的就再賭兩張了，而輸了兩張的就押個四張；反正，如果輸了的話，那就加倍的押注，到最後必然是穩操勝券，除非他的運氣真的無可救藥的太倒楣了，一次也沒有贏到。

本來嘛，他一向認為置身這個大社會，其實就是置身在一個大賭場裡；尤其由於社會的變遷，功利主義的抬頭，而使社會風氣從純樸走向浮華、虛無、不務正業。而這更使他意識到那些腳踏實地的人是呆板、笨拙的人，而處處就會有想投機取巧的人，又會有想一夜就成鉅富的人。他常常這麼認為：做每一件事，與哪個人相處，或者是在某個時點裡會相遇到的人，而這一些都是一種賭，一種機運；就如同有人闖過紅燈趕著上班或上車，而辦妥了他的要緊事情；也有人闖了紅燈，卻不幸的成了輪下鬼魂。而有的

人，夫妻兩個人相親相愛了一輩子；而也有的人，夫妻整天都在吵架，而沒有任何一刻的安寧。

每個人在某個特定的時點裡，他會碰到或不會碰到，他做了或者沒有做了什麼都會因之而產生了不同的情況，而這一切的一切都是賭博，都帶有機運存在。他一向自認自己是很聰明的人，在各種的賭博上他都是睜大著眼睛，總是下注在最有利的情況上。

莊家又吆喝著，他掀開那個小小的磁碗，只見那三個誘惑人的「六點」的點數又衝著他在笑著。

「唉！」阿土長吁了一聲。

他每次押注六的點數，六的點數就偏不來；而這次來不及押注六的點數，六點竟然又出現了！唉，人生有時就是這麼樣的陰錯陽差，「要」的時候它不來，「不要」的時候，它又偏偏來了。阿土怔怔的揉著眼睛，他不相信的再次仔細的瞧了又瞧；的確，這是可以肯定的啦，那是三個斗大的「六點」的點數，而他又無可奈何的嘆了一口氣，他無奈的咬著牙嘀咕著；也好吧，下次還是賭那個「六點」好了，就不相信「六點」不會出現。

阿土接著又一次一次的下注著，可惜老天爺似乎有意跟他開個可怕的玩笑，那個「六點」的點數又消失了蹤影啦，一如秋霧見不得太陽，一下子就會消失了。他押注了八張鈔票，他輸了，莊家沒有抬頭；接著他又押注了十六張鈔票，他又輸了，而莊家也沒有抬頭。當他再押注六十四張鈔票的時候，那莊家終於又抬起頭來望了一望他。在

莊家眼裡，那是閃著狡黠與挑釁的濃厚意味，就像在比苗頭一般的。而阿土也緊張得連手腳都暴露著青筋，他整個的身軀就那麼的抖著、舞著的，而他瞪直了的眼神也滿佈著血絲，他的那個模樣兒活像是要吃人的猩猩一般。

「為什麼，為什麼我賭六點，六點偏不來！」阿土叫著，他號哭著：「我一定要翻本，我一定會把錢贏回來！」

阿土又押注了一百二十八張的百元大鈔，他緊張得連眼珠子也呆注無神了，那是他一貫的一臉冷寞，或許他是真的僵化了，只剩下那一付骨架的空殼子而已。

阿土又掏出僅剩的那疊鈔票了，他的這個舉動把別人都嚇傻了，嚇得大家都歇了手，靜靜的站立在哪兒。大家都在靜靜的看著他一個人，在跟莊家做著生死搏鬥。

而莊家又抬起他那鄙夷的眼神，他挑釁的深深的凝注著阿土一眼，在有好幾秒的時間裡。而後莊家仍然慢條斯理的、美妙的帶著作弄意味的，輕輕的把小小的磁碗一掀。頓時，人群裡又爆出了一陣長長的唷嘆聲，那是人們對阿土的同情。

「無六點！」莊家忍不住狂妄的驚叫起來。

阿土一臉的死灰黯然，他又機械似的掏呀掏的，可是他掏了良久，才驚覺到他的鈔票竟然已全部掏空了。但他仍不死心的又掏掏翻翻的，他終於在上衣口袋的角落裡，掏出了一張十塊錢的鈔票。他死灰著臉孔，他就是不相信他的錢會通通輸光了！

接著他又掏著、掏著的，卻再也掏不到任何的一分錢

了，他再也沒有其他的票子了，而他原來的那一大疊沉甸甸的鈔票竟然通通輸光了！突然阿土感到一陣暈眩，接著他就萎癱了下去！

這時莊家有點不安的瞄了一眼阿土，他們接著就匆匆的收拾起道具，向著圍攏的人群說：「好了，好了，今天不玩了，明天請早！」

莊家走了，他把空漠還給了下午的菜市場，又有幾個人也跟著莊家走出去了，其中有個人回頭瞄了阿土一眼，鄙夷的罵著：「財神爺，呆瓜！」

接著他不自覺的摸摸他口袋裡的，他摸到了一個小小的玩意兒在那裡，那是二十世紀「最新的科技發明」，用來配合莊家要五點有五點，要六點來六點的東西。

太陽下山了，人群也散了，而市場裡又沉入孤寂之中；只有阿土還是畏縮在地面上。這時有幾隻附在他臉上的蒼蠅，帶著它們腳上的吸盤在緩緩的在爬行著，而有的蒼蠅還會踢了一踢它自己的腳，好似在伸懶腰的一樣。

（嘉雲南地區文學獎甄選小說佳作（正獎缺）／刊 1983.12.26 商工日報）

阿美嬸的手環

在那個單位裡，現在正有一股暗流在澎湃。每個人都像重重的挨了一拳，心裡悶慌的很。而那股悶慌是需要高聲狂叫才能宣洩的，而那樣子的做法也才能劃破時空的沉寂與苦悶。但是，這裡沒有哪一個人願意高聲言談那件事，他們都是壓低聲音在互相傳遞消息。

「可憐呀，那小林就這麼一跳，雙腿都折斷了，說不定還要鋸掉雙腿，截肢的！」海山嘆著氣惋惜的說。

「那他不就成了殘廢了嗎？聽說他還有兩個小女兒，小的才一歲半，大的也才四歲呀。」阿美嬸無限婉惜的說著。

「對呀，他還有兩個小女兒。」海山又嘆了一口氣說：「唉，他又何必那麼想不開嘛，也真是的。」

「聽說副老總也挨了幾刀，連手指頭都斷了兩根。」阿美嬸一面說一面比劃著。

「是呀，中午時候，小林喝了點酒，他看到副老總要進去吃中飯，而副老總正繞到他後面的桌子旁想坐下來的

時候。那時小林就把菜刀用報紙包好，回過頭望著副老總就砍了過去。他那個樣子就像在斬雞頭一樣，可惜他一刀砍下去沒有砍中要害。唉，如果那一刀是砍在副老總的頸上，那麼副老總也就沒命了。可惜呀，可惜那刀子只擦到他的眼角而已。小林一看沒有砍中，緊接著又揮出第二刀，而那副老總也本能的用手去擋架著，於是就砍到了他的手臂。而那第三刀則是削去副老總的兩根手指頭。那個情節呀，簡直就像看電影一樣，又刺激又恐怖的啦；可惜，副老總沒被砍死。」海山突然激動的敘述著那一場驚險過程。

「那時你是在哪裡呀？怎麼看的那麼清楚！」阿美孀好奇的問著。

「我呀，我差一點就是『看人相搏，拾到拳頭姆』，我差一點也挨上了刀子。你想想看，那副老總正坐在我的對面，而他的那個遭遇，就像我是坐在第一排看歌舞劇團表演一樣的，當然看得一清二楚了。小林的第一刀揮過來時，我正好抬頭看到副老總的頭一歪的就被劃到眼角了，而血泌泌的流著，也算他命大呀，否則怕不當場就躺下去了。」海山心有餘悸的半敘述著，半講評著。

「你不怕呀，要是我，我一定被嚇昏，或者我就躲進桌子底下去發抖也說不定。」

「怕呀，當然怕呀，那麼突然揮來的一刀，有誰不要命呢？那時的我呀，真是說時遲那時快，我一溜煙的趕快往牆邊跑，我一面跑還一面回頭看呀。你不知道呀，那種緊張恐怖的氣氛害得我心頭直跳，就像魚兒在臉盆裡左衝

右竄的。可是呀，那可是千載難逢的機會呀，說真的，那是真槍實彈的演出，所以我就瞪著眼睛直瞧著。真過癮呀，我是又害怕又好奇的啦，比看恐怖的影片還刺激的哪！」

「還過癮呀，你這個人還真沒良心呀！他這一搞，那小林不是非要坐牢不可了嗎？他的小孩子怎麼辦！」

「是呀，我也感到很難過，我感到他真的是很是可憐，而他那舉動，那簡直是雞蛋碰石頭嘛，他怎麼會去惹那個副老總呢？」

「這也真是的，你不知道那個副老總不是人嗎，他一天到晚就欺侮人！可能你沒有被欺負過，所以才不知道。」

「唉，說不定欠緣份啦，或者前輩子有仇啦，而今生碰在一起的恩怨相報。」

「怎麼能說他們有仇的呢？一個六十幾歲的人，都快要退休的人了，而另一個才三十來歲呀；而且他們兩個，一個是生長在南方，而另一個人則是生長在北國。」阿美嬋一臉不服氣的說著。

「唉，這個你就不知道了，投胎不一定會投在當地呀，也說不定還會投胎在不同種族上，比如中國人投胎為美國人、法國人、黑人的。」

「那副老總真的死不了呀！」阿美嬋帶著惋惜的口吻說，而她那種口吻倒還真像希望他死掉一樣。

「是死不了的啦，但被削去了兩根指頭，看來也不是好受的，而且是以後永遠的疤痕，洗也洗不掉的。」海山訕訕的說著。

「不過，說來說去的，小林還是比較劃不來的人，他又何必那麼的傻呀！」阿美嬸又惋惜著小林，而這一回的他，倒是在為小林惋惜了。

「也真是的，小林他平時是那麼老實的一個人！」

「就是太老實，平時被欺侮多了，忍著忍著的，最後是再也忍無可忍了，所以就爆炸了。」阿美嬸世故的說著。

小林砍了副老總幾刀的事情不出半個鐘頭，就傳遍了整個辦公室。而這也惹得在這個十層樓高的建築物裡，一片的人聲沸騰，人人競相傳遞著耳語。那個沸騰的原因，當然是對凶殺案的發生與情節的猜測，以及其他相關問題的探討了。在這種平靜的辦公室裡，大家每天做的都是例行工作，老公司嘛，大家就蕭規曹隨就好了；所以公司裡也是老氣橫秋得很哪，每天都沒有新鮮事發生。

而凶殺案本來就是轟動社會的刑案，凶殺案又發生在這種平靜無波的公司裡，對公司來說那種驚懼當然更要沸騰得多。而更令人難以置信的，小林砍傷副老總以後，他竟提著菜刀直奔到四樓頂。他在樓頂上叫嚷著：「樓下的人走開呀，我要跳下去了！」

樓下，也就是這個單位的庭前廣場，那裡原本就有一堆準備利用休息時間去逛街買東西的人，或者剛剛吃過午餐想回辦公室休息的人，他們是紛紛雜雜的一大群人。他們有的是剛剛經歷過凶殺案現場的恐懼洗禮，仍然心神未定啊！而很多的人聽到那一聲悲悽的呼喊，他們抬頭一看，那小林竟在樓頂上張著雙手作勢欲跳下樓。那些人對

這一聲悲憤的驚喝，更是瞠目結舌，他們倉惶而逃了。有大膽一點的人，就又躲在騎樓裡好奇的在偷看著。

「小林呀，不要跳呀！」一旁的阿慶仔突然出大聲制止著。那悽厲聲音的呼喊雖然劃破了靜寂的中午時刻；但是小林仍然一臉的悲憤，一付的絕望與恐懼。他把那菜刀「咚」的一聲拋了下去，他似乎在表明他的心意已決。繼之，他又悲愴的叫著：「我要跳樓囉！」

而在小林悲愴的尾音未斷之際，小林整個人就已如同大鵬鳥躍出四樓平台的女兒牆。而後他整個人就在空中翻滾一下，接著就是人人聽得到的那很大聲的物體撞擊庭院水泥地面的巨大爆炸聲音。時間一下子凝固了，人群裡有短暫的幾秒鐘的錯愕,而這整件事情真的是來的太突然了。

在那一霎那間之後，有幾個大膽一點的人就迅急的跑近前去看。「叫救護車，叫救護車！快，快，叫救護車！」也有人尖聲大叫著。接著就有人衝進辦公室打電話。而怕事的人則簇擁著相繼躲進了辦公室裡,他們是「事不干己，眼不見為淨」的人。

又經過十幾分鐘的時間，救護車來了，有幾個穿著卡其色衣服的人就抬著擔架下來了。接著他們把小林送進車廂裡，並且一轉眼的就急速的把救護車開走了！而只留下一縷縷的黑煙，在庭院裡慢慢的消失。

肇事的小林被送走了，幾個清潔工在清除庭院裡的瘀血。但是，這不是事件的結束而是事件的開始。如果這個事件走到這裡就結束了，那麼作者也無須大費周章寫出這

一篇文章。而人們仍然三三兩兩的聚在一起低語著，大家
集體的在互相面對著這種悲愴與恐懼。

　　下午的晚報，發佈了一個簡短消息：某公司工友小林，
挾怨以菜刀砍殺該公司的副老總，而斷其二指，並傷及其
臉頰後，畏罪自四樓跳下；致其兩腿也折斷送醫。據該公
司稱：係因該工友聚賭被記過處分而挾恨報復。阿美孀看
到報紙刊登的消息，就氣憤得連話都說不出來了。這個世
界果然還是有錢人的世界，這是一個有錢人護衛著有錢人
的世界，而真理與事實永遠被埋沒了；有權說話的人，永
遠是大事化小事，小事化沒事的人，甚至是顛三倒四，不
明是非的人。他們總是在互相維護當權者的利益，而維護
著當權者的利益，那是對他們最為有利的事了。

　　雖然這是依據該公司所稱的，其實那也只是第三者的
語氣而已。但公司為何僅僅發佈這麼一個一面之辭的消
息，而避重就輕呢？為什麼不把真相與原委詳細說明呢，
比如大家都耳聞能詳的：那個副老總經常要求小林到他家
去洗廚房、洗廁所；但是小林又不是他家的工友呀。又比
如說：副老總總是動不動就找小林麻煩，找小林當出氣筒、
派他的不是、打他的官腔。又比如，唉！阿美孀愈想愈同
情小林的遭遇。她走進臥房去，悄悄的從床舖底下把那個
牛奶罐拿出來，她涔著眼淚掏出一對手鐲子來。那對手鐲
還是她在逃難以前，她的媽媽交給她的最值錢細軟。而那
時她的媽媽是這麼說：「妳還年輕，還能走，就不要留在
這裡了。帶著這個手鐲，說不定哪天，哪個時候妳會用得

到。」而那一對手鐲，已經保存二十多年了，她一向珍惜著它，因爲這是媽媽唯一留給她的東西。

雖然阿美嬸未曾戴過或向別人亮相過。而現在媽媽也在另外的一邊，音信全無，她每思及老人家時，阿美嬸就拿出手鐲撫弄著思念著。阿美嬸拿著手鐲，一點也不遲疑的到隔壁的當舖，她是抱著虔誠與犧牲的精神去的，她毫不留念的走了進去。而這是她第一次走進了當舖，雖然以前她手頭緊的時候，也曾想進去當些錢救急，後來她還是咬著牙忍了過去。

「老板，這個當多少錢？」阿美嬸生平沒進過當舖，她還真有點生份的。

「五仟。」老板仔細的端詳著手鐲。

「太少了！」阿美嬸說。

「那妳要多少？」或許他們是常常見面的關係，雖只是點頭之交，總也有一點半生半熟認識的，所以老板特別網開一面，給阿美嬸一些討價還價的空間。

「可不可以當個一萬！」阿美嬸說。

「這對手鐲連市價都沒有那麼高，妳還想要當一萬！到時妳不還錢，我連本都沒有了，都虧了。」

「老板，我就住在隔壁，這你也知道的，雖然我們只是點頭之交而已。可是我卻是有急用啊，所以才要當一萬的。」

「進當舖的人，每個人都是有急用的，才會上當舖來。」老板生硬的說著，一臉市儈氣。

「拜託啦，拜託啦，你看到晚報沒有，就是那個叫財申公司的事？」

「我看到啦，報上不是說，那個工友因為聚賭被處罰。」當舖的老闆很有興趣的說著。

「才不哪，那個工友是好人啦，他平時很和氣，他是被欺侮多了，才忍無可忍，才殺人。他還有兩個小孩要養呀，我這就是要接濟他們，才拿手鐲來當。」

「妳是？」

「我是他的同事啦，我們在一起上班的。」阿美嬸靦腆的說著：「只要三個月，三個月以後我就會拿錢來還。」

「看妳還真是有急用，這樣子好了，就照妳說的啦。不過利錢要照算，月息七分，先扣。」老闆好像背台詞般說著。

「不能便宜一點的嗎？七分利，那一個月就要七百元了呀。」阿美嬸一臉茫然的說著。

「不行，不行啦，我已經給妳估高價了。」老闆咬著牙，斷然的說。

阿美嬸拿到已扣掉利息錢的，剩下的七千九百元，就匆匆的回家了。雖然她和小林並沒有什麼特別深的交情，但是她還是想要把菜錢扣下一點來，好湊成整整的一萬元。她想著：小林最關心別人了，不管哪個人有紅白帖的，只要他認識的，他一定會去送賀禮或送奠儀，他還常連帶的去幫忙打雜。而公司裡，有些人要請假，找不到代理人，他也都會爽快答應幫忙。像他這麼好的人，竟忍不下那股

氣憤而殺了人，真是可憐啊！」

　　「唉，小林這麼好的人怎麼會想不開哪，而且還這麼衝動！」阿美嬸又嘆了一口氣。

　　「小林出事了！」晚上阿美嬸的先生回來以後，阿美嬸依舊是一臉悲傷的說。

　　「誰？」阿川這麼問著。他有點不太敢相信他自己的耳朵。

　　「就是公司裡那個小林嘛！就是那個瘦瘦的講話聲音低低的人嘛。」

　　「哦，是他呀！他怎麼啦。」阿川說著。

　　「他殺了人！」

　　「殺人，怎會！」阿川突然站了起來。在他的印象裡，那個小林是一個待人很客氣的人。

　　「諾，我把晚報帶回來了，你自己看。不過報上寫的並不對呀，那個小林那麼好的人，他怎麼會無緣無故殺人了？還不是那個死副老總，平時就欺人太甚。你知道嗎？他甚至連中午休息時間都還叫小林去跑腿，而且都是做一些私人事情，那就是買這、買那啦，或是交這個費用、那個費用的，而小林有時是忙得連午飯都沒得吃呀。而且如果事情做得慢了一點，還要挨官腔，簡直把小林當奴才在使喚嘛！」

　　「那不是很遭糕的事嗎？小林不是還有兩個小孩子要養嗎？小林拋下了她們，小孩誰養？這下子誰養？」阿川同情的說著。

「所以說嘛，我想送一點錢給他，我把手環都當了！」

「手鐲，就是妳媽媽給妳的手鐲呀！」阿川又是一驚。

「就是啊，可是那也只當了七千九百元而已，我想湊成一萬元送去。」

「那我們的手頭不是更緊了嗎？不過，妳既然這麼想著，那也就算了，何況小林也真的太可憐了！」

次日，阿美嬸早早的到了辦公室，事實上她是整一晚沒有好好的睡，所以乾脆就提早上班了。而當她到了辦公室的時候，雖然她是到得很早的，但是在今天，還是有些同事更早的就來了，和平時裡那種姍姍來遲的情況完全不一樣，似乎公司裡那股暗流正在更加速澎湃著。

「阿美嬸，我們在商量著捐一些錢給小林。」海山在她旁邊低聲說著。

「好啊，應該的，我昨天已經準備了一萬元。」阿美嬸欣慰的說。顯然的，她為了能幫助別人而感到很欣慰。

「我也要捐一萬元，反正我下個月就有機會拿末會。」

「妳又何必捐那麼多呢？你家裡還有老母親和小孩子要養。」阿美嬸體諒的說著。

「不，不，如果我有更多錢，我都還想再捐更多一點的。」海山嘆息著。

中午阿美嬸又遇到海山，她順便問著：「一共捐了多少錢？」

「哇，真是出乎意料之外呀，竟然加總起來有三十八萬八千四百三十元，這是連職員的捐款一起算的。而這也

是小林平時的為人好，人緣好，樂意幫別人、關心別人才會這樣的。那每個人捐了多少？這個我會列個清單公佈。」海山一面騎上單車一面回頭叫著：「我這就把錢送過去了，我們這好像是在用我們的捐款金額來投票一樣，而這就表示我們的眼睛是雪亮的，好人和壞人我們分得清楚。」

　　海山的影子一溜煙就不見了，而這時就只有阿美嬸還怔在那裡。她一直想著海山的那句話：「大家是在用錢來投票，用錢表示我們的好惡觀感，而這並不是因為你是有權威的人，是大官，所以你講的話就算話。」

（刊 1983 文學界 7 期）

阿土與彈弓

　　我們和阿土結伴到木柴房那裡。那些堆積的木柴，總是颱風過後所清除的苦苓樹、榕樹、鳳凰木、拔仔或者苦竹等的灌木、喬木等，被颱風吹刮掉落或折斷的殘枝與落葉。有些殘枝其長足有三、四個人高，而這些殘枝與落葉，經過日晒以後，枝葉都要乾枯萎落的，等家人有空時再將它們截成一段段的拿來當柴火燒，平時裡則暫時收集在木柴房裡。

　　昨天，阿火在其胸前配帶著一把彈弓，他邀我們去樹林子裡打鳥。我們聚集在樹林底下摒息以待那些路過的鳥，飛下來停留在樹枝上休息，然後我們躡手躡足的趨近前去。阿火把彈弓拿了出來，夾上了小石子，他把橡皮帶往後一拉一放的，那個小石子就彈射了出去，接著我們可以很清晰的聽到在茂盛的樹葉裡，有一陣陣的「嘶嘶」聲，鳥飛走了，葉子也落了。阿火確實太「菜」了，他打了老半天的鳥，卻連個鳥的羽毛也沒有打到，只打下了一大堆的葉子落下來。

　　我仔細挑著柴火堆裡那些形同「ㄚ」字形的枝椏。阿火曾說過：「拔仔材最硬了、最結實了，做起來卻很費工，很不好做的；而榕樹枝較脆，容易修整，一下子就可以做好一支彈弓。」我選了一根榕樹枝切下來，我抬頭一看，阿土仍在那邊的角落裡翻東翻西。我不禁叫著：「阿土，笨蛋，我找好了！」

　　阿土頭也不抬的說：「那你就先回去好了，我要找一根拔仔材的耶。」我勸他算啦，找個榕樹枝用一用，或者找個苦苓枝用一用就好了，但他仍是固執的不聽我的話。

　　我把榕樹皮剝去了，而那個榕樹皮依舊是飽含著水份，所以我用刀子一剝開，一圈的樹皮馬上就很輕易的被剝下來。我再用刀子把切斷處修平整，兩頭的末梢處也各刻上一個深深的溝槽紋路，而後再把用壞的腳踏車內胎，剪成兩條橡皮帶，再在橡皮帶的中間綁上一小塊向修皮鞋的老板要來的羊皮，而後綁在樹枝末梢，而這就完成了我的彈弓了。我很是興奮，就到樹林裡去會合阿火，然後我們就到處去打鳥了。我們一直想著阿土，但看不到他出來玩，我們猜說是他的媽媽不准他出來野的。

　　次日，當我和阿火仍在樹林中打了老半天的鳥以後，我們才看到阿土揚著他的彈弓急急的跑了過來。他一臉興奮的叫著：「我用拔仔材做的耶，好耶，拔仔材真是不好做耶！」我接過來一看，在深褐色木頭上浮著一、兩個節瘤，那確是拔仔的材料。而那彈弓的木材不但比我的粗又紮實，而且還修整得圓圓渾渾的，一點也不扎手。我想像

得出來，阿土一定是咬著他的暴牙一刀一刀的刻劃著的樣子，而那彈弓著實令人一眼望見就會喜歡。我不禁讚賞他說：「哇，做得這麼好，又漂亮又紮實。」

「我從昨天就開始做的，直到剛剛才做好的耶，我是費了好大力氣做的耶。」阿土得意的敘述著他的努力。

阿火瞄了他幾眼，帶著嫉妒的說：「那確是一把好彈弓。」阿土從口袋裡摸出一個小圓石子放進羊皮裡緊緊的捏著，他一拉一放，那個小石子就筆直的飛速的射了出去，直到消失蹤影，然後才聽到「咚」的一聲掉到七、八丈外的水田裡。阿火羨慕的說：「好好打呀，又筆直勁道又大。」

阿土說：「本來我昨天就可以做好，不過找不到釣魚用的『牛筋線』，而改用鐵絲又怕易斷，所以才耽擱了好久的時間。」

「我們到墳場那邊去打『厝鳥仔』好嗎？我告訴你，暑假的時候我放牛到那裡去過的耶。我看到那裡的電線桿上有好多的『厝鳥仔』耶，就墳場裡的小龍眼樹上也停了許多隻耶，它們吱吱喳喳的吵個不停耶。」阿土提議說：「我們到那裡去打鳥，一定會打到鳥的，那裡鳥多耶。」

我和阿火都懶得動了，我們不願跑太遠的路；而那墳場在村莊外，不但要走上半個多的鐘頭，而且看不看得到鳥也不知道，所以我們還是寧可呆在樹林子裡，碰碰運氣。這時阿土快快的獨自走向墳場那邊，沒有人願意跟他去；但是他依舊挺起胸膛，那是包含著一股不畏艱難的神態，而我看了就很生氣。我總認為：人生也不過是一場戲而已，

又何必太認真。

　　後來的幾天，我和阿火依舊在樹林裡打鳥，可惜我們依然連鳥的羽毛都沒有打到，所以我們相互追逐嬉戲的時間就比拉彈弓的時間多得多了；而阿土依舊孤伶伶的到墳場那邊去打鳥。有一天，當我和阿火正玩著捉迷藏的時候，阿土雙掌中捧著一隻『厝鳥仔』奔跑了過來。我們興奮的聚攏過去，只見那隻『厝鳥仔』的翅膀紅紅的，還沾了一點血跡，八成是被阿土打中的。

　　「我打到了耶！」阿土喘著氣說。並且一把搶過我的彈弓說：「來，來，我告訴你，手執弓要拿穩耶，皮帶要拉滿耶，石子要對準目標，這樣才打得準耶，而且力道大耶。」我真的很嫉妒他，我的彈弓比他做得早，也比他打鳥玩得早，可是打出去的石子仍然妞妞妮妮的不聽話，總是從目標的旁邊呼嘯而過，連個羽毛也碰不到。

　　「我告訴你，你們最好先找個固定的目標練習練習打靶耶，等打得中目標，知道竅門的所在耶，才會打得到鳥耶。先打死的目標耶，打那些『死的』、固定的目標比較好打耶；等打得到固定目標，再打會移動的目標。」阿土滿臉自信的說：「我就是先練習著打固定目標的耶。」

　　我和阿火依言各找了一根棍子，往地上一插，就打起固定的目標來了。不久，我們也打乏味了，我們改變了主意，泡進圳溝裡去摸蚌殼，而任誰也不把打好彈弓的事情記掛在心裡。阿土看了就很生氣的罵著我們，他說：「我告訴你們耶，你們沒有堅強的毅力耶，就不會有成功的果

實耶。」

　　二十年以後，阿火依舊留在家裡種田，農閒時他兼賣水果；我則北上在職場裡擔任基層雇員工作；而阿土呢？聽說在新大陸的一家很大的公司裡搞企劃案，風光得很呀，而且他已讀完哈佛博士學位了。

（刊 1985.01.31 商工日報）

訴

　　在銀行的鐵灰大建築物的外面，阿三嫂坐在那輛改裝過的三輪車上，她閉著雙眼打著瞌睡。

　　她，一個六十開外的老婦人了，在南國炙熱的太陽下，在她那曬得黧黑瘦削的臉頰上，刻劃著縷縷的風霜。她從未改裝為馬達動力而純用人力踩踏三輪車的時代裡，就開始踩踏三輪車了。阿三嫂這麼一踩踏，就踩踏了二十來個年頭，而後再就裝上馬達跑起路來「噗噗」直響的時代算起，她也又已踩踏將近十個寒暑。

　　一個返鄉模樣的年輕旅人，他的左右手各提著一個笨重的行李。他的眼裡流露著些許的睏倦和疲勞，他站在三輪車前面問著阿三嫂：「到自治村要多少錢？」

　　阿三嫂睜起迷惘眼神，懶洋洋的回答著：「五十元。」年輕人辯說：「怎麼那麼貴呢，上個月我回來才四十元而已哪！」

　　阿三嫂無奈的跳下車來，她的右手搬動著剎車，將車子推到了馬路旁邊。她一言不發的拍拍坐椅，示意那年輕

人坐上去。年輕人把箱子擺在車廂上，他還深怕吃虧似的、不安的問著：「四十元啊？」

「好啦，好啦。」阿三嫂不耐煩的說著。她在眉宇間流露出一股濃烈得化不開的哀愁，那是常年風霜的累積。

阿三嫂熟練的把油門打開，腳一踩踏，車子就「噗噗」的跑起來了。這種改裝過的三輪車，坐起來雖然有點顛簸，沒有坐在汽車裡那麼來得舒服。但是，其收費也相對低廉許多，所以光顧的人也還不少。

卅年前的往事了，阿三嫂的丈夫在一次聚賭中被殺害了。其實，那種所謂的聚賭，也只不過是車伕間閒來無事的消遣，玩玩紙牌而已，輸贏也不過是幾毛錢。但在人人為了生活而奔波的勞累苦悶煎熬下，車伕們個個脾氣都是火爆性子，而也在那次的聚賭中，因為爭執而出了人命。從此，阿三嫂不得不拋頭露面，繼承著夫業，每天賺一點點微薄車資，養活著兩個稚女。

「在地人嗎？」阿三嫂回過頭看了一眼那位年輕人。其實阿三嫂並不是多話的人，只是她一個多禮拜以來，就已憋著一口悶氣，她憋得太久了！她害怕寂寞孤單，她想要把那件事發生過的情形，向別人傾訴。她相信別人一定會同情得掉下眼淚，嘆息著又嘆息著。

「是呀，剛回來。」年輕人愛理不理的說。

「在那裡賺大錢？」阿三嫂沒話找話說。

「台北，台北。」年輕人露出自負的說著。似乎他在台北工作得很是得意，而且還自認是值得宣揚的事。車子

又「噗噗」的駛過大馬路，阿三嫂啐了一口痰，吐向迎面而來的汽車。接著她穿過小巷子，然後就停下車子。這時年輕人不悅的指責著她說：「開進去，開進去，妳不知道我的兩個行李箱有多重嗎？」阿三嫂怔了一下，她自己嘀咕著：「四十元而已，還要開進巷子去！」

豔陽依舊照著大地，把柏油路面晒得起了一個個泡泡，火辣辣的海風吹得人很是不舒服。阿三嫂用圍在脖子上的那條毛巾，抹了一下額頭上的汗珠。她把車子開了進去，回過頭望了年輕人一眼，嘴唇微動，似乎想要說什麼。繼之，她想著：別人不一定會同情我，我何不把那件悲哀的事，深埋在自己的心底，由自己去承擔呢？

涼風一陣陣的吹了過來，把夏日的燠熱吹散了不少。天一下子就暗了，緊接著是悶雷乍響，不一下子的，雨就劈哩啪啦的下起來。阿三嫂趕忙把塑膠布簾放了下來，而這一來，既使雨勢再大一點，也不怕會濺到車廂裡去了，客人坐起來也會比較舒服一些。而後她抱著頭，躲在銀行大建築物的屋簷下，瞪著悵惘的雙眼，不知道她又在想著什麼心事了！

雨一絲絲不停的舞向阿三嫂瘦削的臉頰上，她不自覺的又打了一個哆嗦。而這一陣子以來，阿三嫂確是傷心得很啦，她一直希望找個人傾吐她的那些悲哀。有幾度她曾想要開口，最後卻又欲言又止了，那到了舌尖的話又硬生生的吞了回去。她讓悲哀啃噬著自己的身心，讓眼淚獨自暗流著。雨濺著，那濺下來的雨水把三輪車胎濺得處處的

泥濘，而塑膠布上面的雨水也一下子就結成一條大水柱，接著又嘩啦嘩啦的流了下去。有幾個同行，他們看看雨大生意不好做就騎上車子回家去了，他們今兒不再做生意了。

在二、三十年前的時候，三輪車這一行也曾經有過一段的黃金歲月；但是自從計程車興起以後，三輪車就開始慢慢的沒落了；只有在假日裡生意才會好一點，或者下雨天也會好一點。雨刷著柏油路面，把塵埃和泥巴沖向下水溝裡，甚至也刷走了人的足跡，馬路上頓覺清淨許多。只有在商店的走廊上，依然站立著幾個躲雨的行人。

火車又來了，又有一批旅客匆匆的下來了，有的探探雨勢，不安的佇立在車站內躲雨，有的隨著來接的親朋扯著衣領就急急的走進雨中去了。

阿三嫂望著雨勢，望著街頭避雨的人群，她流露出一臉的空茫。突然她興奮得有著跑向雨中吼叫的念頭，她要問問那蒼天：為什麼給了她女兒，卻又要了回去！為什麼給了丈夫，卻又不能白頭偕老！

一眨眼工夫，她果真衝進了街頭，以石破天驚之姿大聲吼叫著：「還我女兒來！還我女兒來！」她的吼叫被響雷掩蓋了，上天似乎遺忘了她這個人的存在！

接著她忽然又嗚嗚獨自哭泣著，她有如自訴的說著：女兒死了，可憐的女兒，汽車撞死的，可憐呀，那肇事的車子跑了，跑得比鬼魂還快！

雨仍綿密的落著，但可以確定的是洗刷不掉她的悲愴與怨恨。她那沙啞的聲音喃喃著：「為什麼老天如此虧待

我呢，我曾那麼艱辛的踩著三輪車度日，我是用血淚用汗水把女兒撫養大的，天呀，這是個什麼樣的世界呀！」

　　她滾滾而下的淚水和著驟雨滴落在柏油路上，阿三嫂目中無人的佇立在馬路中央。她任驟雨淋濕著她的蒼髮，她再也壓抑不了那令她心碎的哀痛。而在走廊上的人群，他們寒著臉，冷漠的注視著她。有一個年輕人嘀咕著說：「那個老太婆可是瘋了嗎？」

（刊 1985.02.26 商工日報）

嫉　妒

　　我第一眼看到了他，我就嫉妒了。那時，我們全班的同學個個都是光著腳丫子不穿鞋的，而我們的校服也像「梅干菜」一樣的，不但皺稀巴拉的而且是污漬處處。而他，那個大老遠從大都市的高雄回來的白皙書生，卻穿著嶄新球鞋，他就是我所嫉妒的人了。

　　在他未足學齡的時候，他就到我們班上來隨班附讀了。而他竟然可以穿著嶄新球鞋來上課，而且他的校服也常常燙得平平整整、服服貼貼的，你說氣不氣人呀！

　　全班有五十來個同學，大家都在炙熱的南部大太陽下被晒得一臉的黧黑；但我們並不自覺有什麼不好，直等到他到來了，就是那個從一個好遠好大的大城市的人到來以後，他那一臉白皙與文弱的書生狀，一來到班上就顯得我們是又黑又土氣了！

　　我們光著腳丫子滿街跑，所以我們練就了一副腳底厚皮，雖然我們踩在小石子路上，不免還會喊痛，而踩在起泡的柏油路面上時我們也不免要喊燙的。但是，我們並沒

有任何的怨言，直等到那個附讀的同學來到班上。

　　放學後，我和小牛、阿三等三個人就頂著大太陽半走半跑的回家。我們都餓得嘰哩瓜啦的，我們急著回家填飽肚子，但我仍憋不住打探那個新來同學的底細。

　　「新來的那個人住哪？他是哪來的？」我問著。

　　「聽陳武雄說，就住在他家附近。聽說剛從高雄回來的，而在這裡就只有他的爺爺、奶奶和叔叔幾個人而已。那就是在農會那裡開著紙盒行的那一家人。」小牛急著報告他的見聞。他一向消息特多，有點像是包打聽一樣，有什麼消息問他準沒錯，因為他的消息最靈通。

　　「他的爸媽呢？」我很好奇的問著。而且私底下，我還真希望他是孤兒之類的值得令人同情的人，來平衡一下他那招惹人眼的嶄新衣飾。

　　「都在高雄啦，在那裡他們也都是在開紙盒行。」小牛回答著。而這個回答真令我有點失望。由小牛的回答來看，那是說他有健在的父母，而不是那種值得令人同情的孤兒。所以這是可以肯定的啦，他可以穿得那麼整整齊齊的啦，而且好像是有錢人家的子弟，而他的環境還真令人羨慕啦，也令人嫉妒呀。

　　「不過，聽說他的父母不合，他的爸爸想娶個小老婆，據說是酒家女之類的人。所以他媽媽一氣之下就帶著小孩回來投靠公婆了。」小牛又說著。

　　「他有沒有弟弟、妹妹的。」阿三接著問。

　　「沒有呀，聽說他是獨生子。」

　　獨生子，那他不是更享福了嗎？吃東西沒有人搶，穿衣服也沒有人搶，可不像我有那麼多的兄弟姐妹，大伙兒整天爭著吃、爭著穿的。再多的東西，你吃一口我吃一口，也就一下子就全沒了，全沒了。

　　「聽說他有一個小叔叔，那小叔叔的年紀比他還小。」小牛又說著。小牛的小道消息最多了。

　　「這可真是鮮事呀，他叔叔的年紀反而比他的年紀小。」

　　由於久旱的關係，在小土路上儘是鬆鬆的黃泥沙；我們幾個人半跑半走的跑了過去，而在地面上就會印上一個個紊亂的足印，而那些泥沙也會飛揚起來吹得我滿臉滿手加上滿腳的，都是泥沙。

　　我趕緊把嘴巴閉上，我深怕那些揚起的飛沙吹進了我的嘴巴裡。記得有一次，我一不小心的就讓泥沙吹進了我的嘴裡，而當我的上下兩齒相接觸時就「卡喳」的直響了，而那也是怪難受的了。害得我連連的吐了好幾口的口水，才把那些飛沙吐了出去。

　　次日我連絡同學們不要和他講話，我要孤立他，讓他沒有朋友。而在剛開始的那一、兩天裡，大家衝著我是班長的份，也就通通不和他講話了。可是，不久之後，武雄就背著我和他玩在一起了，而那種行為簡直就是背叛、是叛徒。

　　有一天放學了，我和小牛、阿三又一起回家，在途中我一直想著要好好的給武雄一個教訓！

　　「我要教訓教訓那個武雄和那個新來的同學。」我氣憤的說著：「他神氣巴拉的什麼勁，什麼玩意兒！他又有什麼了不起嘛！」

　　「我也看不慣他整天穿得那麼整齊，就好像在炫耀他家很有錢，他是來自大都市的都市人！」小牛附和著說。

　　小牛對我最忠心了，什麼事都是我說的算數，他也不管我說的是有道理或是沒有道理。他真是最講義氣的人呀，只要我有什麼不滿，他總是要插一手站在我這邊，而他就是會為我拔刀相助的人。

　　我記得有一次，我在廟裡遠遠就看見一位兩手叉腰的同學迎面過來。我看著他那種不可一世倨傲的神態，看著他就令我嘔心啦。

　　當下，我也故意的將兩手叉在腰上，瞪著眼望著他直直的走過去，我倒要看看誰的氣勢比較強，而誰又讓了誰的路，而這就是看不順眼的就要挑釁。哪知道他也沒有退讓的意思，不一下子的我的右手就撞上他的左手了。

　　「你沒有長眼睛嗎？」我回過頭吼著。

　　「你才沒有長眼睛！你有什麼了不起的。」他也不甘示弱的吼過來。而他那種惡劣的不服氣的態度，倒令我異常的震怒。

　　於是，我就一揮手打了過去；但是他的反應更加快速。他不但架開我打過去的拳頭，而且他還對著我的肚子反擊過來。他的那一拳真是又重又急的，我痛得幾乎要唉唷大叫起來，但是我忍了下來。

　　我瞪著他的那種兇狠之狀，以及他魁偉的身材，我真是應該要後悔的，我怎麼早不看清楚他是那麼的一個高個子的人？他是一個足足高過我一個頭的傢伙呀，而且他或許還有一套的,看他的那個架勢就活像是練過武的練家子。

　　我雖然很後悔，自己沒有事先看清楚情勢，但我仍是不甘心的吼著：「你給我記住呀，你就在這裡等我好了，你有膽就在這裡等我！我馬上找人過來！」我撂下狠話，威脅著他。

　　過沒有多久，我就急急的把小牛找了過來；可惜那小子沒種，早就溜了。那一天我請小牛吃了一碗上面澆滿豬油的「粿仔湯」，又香又甜的。

　　「明天我們就去找他！」我說：「三個人一起去。」次日，我們相約一大早就去上學，我並不是喜歡打架的人，但我喜歡別人服從我，乖順的聽我、服從我。

　　我們穿過校門口小攤販那裡時，我正巧看到武雄和那個新來的同學。我跑過去拍拍武雄的肩，用著威脅的口吻說：「你們來，你們來一下！」

　　武雄他們大概還沒意會到我們是有意挑釁找碴，他們毫不在乎的就跟著我走到了榕樹下。

　　此時，小牛一把就抓住那新來同學的衣領，他沒頭沒腦的就敲了一下新同學的胸口，而阿三也用腳去踢武雄。

　　「怎麼打人了！」新來的同學莫名其妙的呼叫著：「我要報告老師！」

　　「打你，為什麼？簡單呀，就是看不慣你的死相！」

小牛吼著，又補了一拳。而這時新來的同學也彎著腰，「哇」的一聲哭了，他忍不住的哭了起來。

在校門口的值日老師，好像聽到了哭聲。他詫異的望了望我們這個方向，就快步的走了過來。

「老師來了，老師來了！」我壓低聲音說。

我們三個人分別跑到校園後方的防空洞去躲著，而那個防空洞一向就是我們躲避老師的最佳地方了，因為在那個防空洞，前後各有一個出口；老師從這邊追，我們就從另一邊逃。

「今天我看我們不能去上課了，武雄一定會去告訴老師的！」我怯怯的說。

「我們乾脆不去上課了，我們去釣蝦子好了！昨天還有很多人在釣蝦子。」

在學校附近的溪裡，常年的溪水涼涼，而且溪水很清澈，連溪中的纍纍裸石也清楚可見，而那些魚呀、蝦呀，也是一眼就望得見的。

我們把蘆葦摘下，去除兩旁葉青部分，只留下中間的那條葉脈，然後我們用指甲把葉脈刮得光滑、平整，並且在末梢地方打上一個活結。

太陽慢慢的上升了，涼風習習而來。我們分別持著蘆葦做成的套子，各自散開在溪中，我們低著頭尋找蝦子。我們涉足在涼涼的溪水裡，我感到那是很高興的事情。我們小心翼翼的用著活結，從蝦子的尾端套進去，待活結進到蝦子的腰部，我們就急速的把蘆葦往上一拉，此時是萬

無一失的就會把蝦子套住了。

當然啦，有時蝦子的警覺性很高，或者蘆葦不小心碰到蝦子的尾巴，那蝦子就會一驚，奮力的一躍，而遁入了水中，它會失去了蹤影，所以這種釣蝦子的方法，其實是在套住蝦子。而這種套蝦子不但要有技巧，而且更要有沉穩與耐心。

太陽照在我的頭頂上了，水中的石頭常年在水裡，就滋長了很多的苔蘚，滑溜得很啦。而溪流的兩側，那些稻田一望無際，而天上則是一片的蔚藍色，令人心曠神怡。

早先我是在水淺的岸邊套蝦子，而我也確實套了不少中、小體型的蝦子；其後我的膽子也越來越大了，我不知不覺的就走在溪流的中間去追逐那些大蝦子了。而要套那種大蝦子更是一種很大的挑戰，大蝦子的警覺性也很高，活動力特強而且彈跳的速度很快。我順著溪水追逐著，雖然溪水越來越湍急，但我無覺於其危險性。我只是熱切的想著捕捉一些大蝦，我喜歡追逐那種富有挑戰性的大蝦子。

遠遠的，我看到有穿著白上衣、黃卡其褲的同學，他們正三三兩兩的望著我這邊走過來。突然我聽到有人在叫著：「喂，那裡很危險的，不能進去呀！」

我聽那聲音很熟悉，似是新來同學的聲音，我抬頭看了看，果然正是新來的同學。

我嘀咕著：「要你管！」

「不能再過去了，不能再過去了，那裡很危險的！」那新來的同學，一面跑一面大聲的吆喝著、叫著。

　　但是，我還是故意裝著沒有聽到他的吆喝聲，我低著頭緊盯著溪中的石頭，我真的不想跟他說話。而在這條溪裡，我也不知道我已經玩過了多少次；而哪裡水深，哪裡水淺，誰又不知道呢，我還要他來管東管西嗎？何況在早上，我才敲了他兩下頭的，而為什麼他還要關心別人的安危呢？他真是「雞婆」到家了！我想著，想著的，就更加故意的加快了速度涉入水中。突然我的腳一滑，而當我發覺我再也踩不到河床的時候！我整個人就不自覺的就往水中沉了下去；雖然我曾想過奮力的浮上水面，我希望把我的頭伸出水面。但是，天不從人願，我整個身子竟不可控制的往下沉了。剎那間，我想著：完了，我的小命要完了，要完蛋了！我不自覺的又吞進了好幾口的溪水，而那溪水幾乎嗆得我沒法呼吸。

　　我也不知道過了多久的時間，當我甦醒了過來，我的第一眼就是看到那個新來的同學，他正握著我的雙手在用力的壓擠著我的胸部。而在那個時候，我還不知道他是在幹什麼的呢？但我感到他所帶給我的，就是一種壓擠我胸部的動作，而那種動作令我舒暢無比，就把肺部積水吐出了。這是後來我才知道的，原來那就是所謂的「急救」。壓擠我的胸部，目的就在讓我肚子裡的水吐出去並且讓肺臟能再自行吸入氧氣。

　　突然的，我感到那新來的同學，他的雙手是多麼的溫暖呀，而我的眼淚竟禁不住的盈眶了。

　　「不要哭，不要哭，沒事了，沒事了！」那新來同學

安慰著我。真的，我是不哭了；雖然我的眼眶裡依然有淚
泌出，但那已不是我傷心的淚了。

　「是他救了你，是他跳下溪裡把你拉上岸來的；而且
他還會人工呼吸，就是他幫你做人工呼吸的。」小牛指指
那新來的同學，搶著說。

（刊 1985.02.07 台灣日報）

美麗樹悲歌

　　當我走進廚房就聽到屋後那棵美麗樹附近傳來有人講話的聲音，八成是在偷摘美麗菓的小孩在講話。他們也真是不知道偷摘別人家果實的時候不要喧嘩，以免引起主人家注意而被發現。

　　我想起前不久，那棵美麗樹曾被踩斷了數根大枝幹，心裡就有氣。我急奔數步從後門探頭看去，果然美麗樹上高低站著兩個男生和一個女生。我出其不意的叫了一聲：「喂！」

　　而那些在美麗樹上的人發覺被發現了，他們就露出驚訝與恐慌的神情，相繼慌張的跳下美麗樹。兩個男生一溜煙的就不見了；而剩下來的女生跳下來時，她的裙子不小心被美麗樹的枝椏勾住了。她頓然漲紅了臉，瞪著兩個烏溜溜的黑眼珠子，不安的、羞赧的睄了我一眼。

　　而這時的我，反而不安的縮回了我的頭。我感受得到，我流露出的驚訝嚇到了她。而後我從窗戶的隙縫中看出去，正巧看到她把勾住裙子的枝椏卸除了。然後，她就甩

著馬尾髮跑了。

美麗樹是一種很脆弱的樹木，葉子淡黃而長著茸毛，而其菓子則帶著微微甜味。如果菓子未變紅色或黃色時，而你去剝開菓子舔一舔的，保證你會發現那是很澀嘴。而如果菓子變紅或者變黃了，那麼把菓子壓擠在手心上時，很容易的就可以看到菓肉內含著幾十百粒的，有如蝨子卵一樣的東西，白白的。而把那白色的如同蝨子卵的子，放在指甲上一壓，就會有點輕脆的響聲發出。

我注意過的，在我的那個村子裡，那是再也沒有第二株的美麗樹了。

從春夏之交，美麗樹就會開出一朵朵小小的小白色花，而後結出一顆顆有如綠瑪瑙般青澀的菓子；經過二、三個禮拜之後，那些青菓子就成熟了，形同紅色瑪瑙般的豔麗而多色澤，很是引人垂涎喜愛。在菓子成熟期中，總是經常會引來左鄰右舍，識與不識的小孩子們去爬樹偷摘美麗菓。

我們有時也會去摘採，只是美麗樹的菓子成熟得很快，不消幾個時辰，樹上又是一頭嬌艷欲滴的菓子了，恍如夏夜裡滿天的繁星，晶亮的點綴在樹上。

次日，我又幾度放下功課到廚房去探望，我從沒有那樣盼望有人家來偷採美麗菓的。我私自忖著，如果那位留著馬尾髮的長髮女生來摘採，我一定不要吭聲，要讓她摘個夠、摘個飽，不再嚇到了她。

和風一陣陣吹來，在五月天的日子裡，那是一個晴朗

明麗的日子；美麗樹的枝椏正迎風飛舞著。而那種輕輕的飄搖著、婀娜多姿的樣子，令人感覺很是安詳。我把收音機的音量放到最大，藉以忘掉對那綁著馬尾髮女孩的搖曳倩影的思念。可是，我的眼前依舊拂不去她的清秀面孔。那是她圓圓的臉，一如貓的臉，而在她白皙兩頰的陪襯下，她的兩道濃眉更似濃墨般刻鏤著。而她何以會如此令我眷念呢，難道是我的少男情懷嗎？還是我執著於呵護著她？我不知道，我確實不知道。

雖說我經常盼望她的出現，但漫長的一個月過去了，我依舊沒有再次見到過她。而當我漸漸淡忘她的時候，有一天，她來了，依然跟著那兩個個子比她高一點的男孩。我專注的聽著他們的言談，而她的聲音有如銀鈴般的輕脆，真是好聽極了。

「我怕，我怕嘞！」那綁著馬尾長髮的女生嘟嚷著：「被人家捉到了怎麼辦？」

「不要講了，再講就會被人家發現了，人家就知道我們在偷美麗菓了！」有個男生壓低聲音斥責著女生：「誰叫妳要跟來哪！」

馬尾長髮女生張著的嘴巴突然愣住了，她似乎還想辯解什麼，卻又忍住了。接著她才又不自然的隨著那兩個男生擠到樹幹旁。而她是那麼的瘦小，以至於有幾次，她跨上樹幹的努力都是徒勞無功的。而她的動作令她很不自然的紅了雙頰，只見她踩著腳，撒嬌著說：「哥，我上不去！」

那被喚作哥的那個男生，他低頭看了她一眼，很不高

興的說：「誰叫妳跟來！」

　　這時另外的那位男生，由於他真的爬得太高了，而那脆弱的美麗樹確實也無法承受他的重負，以至於不久之後，就只聽到那邊有樹幹又有一點點的爆裂聲音「叭叭」的慢慢的響著。那男生這一驚，就趕忙往下溜了，而其他的人也同時感到莫名其妙的跟著溜下樹。他們慌張的、沒來由的跑了！這時忽然流盪過來那馬尾長髮女生的嗔責聲說：「又沒有看到人！」真的，她沒有看到有人出現的。

　　他們不明所以的跑了幾十公尺。後來才回頭來看，確實沒有人追趕過來。而這時他們才安心的放慢腳步，繼續往右邊轉彎過去，那是通往「大厝谷」的方向。「大厝谷」是一個大莊園，方圓數十畝大，大門口有高聳的圍牆以及大大的兩扇大紅木門。

　　「大厝谷」前庭是Ｕ字形，共有十來間屋宇連在一起。而其屋後種植著繁茂的各種菓樹，諸如常見的香蕉、拔仔、柚子、釋迦等，以至於每至花開的季節裡就滿園生香了。走過其旁邊就聞得到香味直撲鼻，一如我家的園子裡一樣。但是，兩相比較，最令我欣慰的是我家院子裡比他們家多了一棵美麗樹。在那個初夏伊始，夏蟬就無盡的嘶喊著，把田園裡叫得熱鬧異常；但我卻只有寂寞與盼望而已。

　　我衝出廚房的後門，一如夏蟬竭力高喊著：「沒有關係的啦，妳來摘採吧！歡迎妳，歡迎妳來摘採美麗菓！」但我在急切間，卻又把溜到嘴邊的話語吞嚥了回去，我無助的望著那空洞的藍天白雲。我回到了書桌旁，卻無心做

功課；尤其是那些「雞兔同籠」的算術問題更令人頭痛。後來，我把算術丟到一邊，走出屋外。天氣很晴朗，藍天裡白雲朵朵，而飄逸的花草和樹木都更茁壯了；尤其是庭前那一望無際的稻田，在碧綠中滋長著茂盛與盎然的生氣勃勃，令人感到萬分的輕鬆與寫意。

我順著長廊走道走向「大厝谷」，或許她會在晒穀場那邊玩。而那裡就常有小孩子在聚集嬉戲；雖然以往我沒有見過她，或者我沒有注意到有她的存在，但我確實希望能在任何地方看得到她的倩影。「大厝谷」依舊如往昔緊閉著大門，而那高聳的灰褐色圍牆在久經歲月的摧殘下，通通滋長著斑斑的青苔和地衣，流露出一份神秘與權威。

他們都說那座「大厝谷」的老主人，以前是「保正」。所謂的「保正」，那是日據時的稱呼，而現在的人就是稱爲「村長」了。日據時代的「保正」，其權限非常大，擁有「說一不二」的權威。

我失望的轉向我家的苦竹林叢那邊，那些苦竹林都是種在我家庭院的外圍。而那裡正好有幾位男女生在玩跳繩或佔地盤的遊戲。我仔細端詳著，並沒有看到她的影子，而這真讓我有點失望了。而那些與我年齡相若的男女生們，他們瞧了我一眼之後，他們就手牽著手，邊舞邊歌的唱著：「叮，叮，叮，叮哦噹……。」

頓時，我很是生氣。那「叮叮叮」的發音，不是近似於我名字裡的那個「定」字的發音嗎？而那不是在呼喚著我嗎？尤其是那些女生們，竟如此半開玩笑的呼叫著我，

更是令我難以接受。我是班長耶，豈容他們直呼我的名子。我一甩頭，顧不得再去尋找她的蹤影，然後我就離開了那個廣場。

霏霏細雨綿綿的下著，把大地清洗得更亮麗了，而空氣中也散播著一股清新氣息。我依然時常借故走進廚房，雖然我知道她不可能會冒著雨出現。

美麗樹經過夏雨的洗禮以後，那些菓子都膨脹到比往昔更大，而且豐滿得吹彈得破，而那些樹皮也更為青褐色了。我趁著雨歇時，爬上了美麗樹，把一個個的美麗菓摘去蒂頭往嘴裡送，我一個接著一個的把美麗菓放在兩唇間壓擠著，美麗菓的汁液就進了我的嘴裡。而那些美麗菓的菓汁是較往昔為多的，但不見得甜，所以我感到有點乏味。

當雨剛停，美麗樹的枝幹依舊濕答答，偶一不慎，就碰觸到制服而留下灰褐的痕跡，制服會髒兮兮的；而那就是惹來媽媽的罵的行為了，所以我很小心的爬著。

突然我的眼睛一亮，那可不是綁著馬尾髮的女生嗎？她依然和其他的兩位男生在一起，他們正從「大厝谷」旁的巷口穿出來，他們自顧自的邊走邊嬉戲著。我抱著炫耀似的再往上爬，我的目的只是為了吸引她的注意而已。她抬頭望向我，那黑眼珠滴溜的轉著。我終於又看到了她，在等了一、兩個月之後。更接近了，我可以很清晰的聽到她的驚訝聲，她說著：「他怎麼爬得那麼高！」而在那語氣中並不帶有任何的感情；但這種吸引到她的注意力已夠令我興奮半天了，接著我又往上爬到更高的一個岔枝上。

而那美麗樹在劇烈搖惶著，我一個沒有站穩，身子一滑，整個人就往下衝了。幸好，我的雙手是緊握著樹幹的，才沒有掉到樹下。我趕忙踩穩腳步，而當我再抬頭看時，他們已消逝在往小火車站那個方向的路上了。

　　我依舊無奈的上著枯燥的單調的半天課，雖然我一向討厭讀書。但走在上學的路上，我又會很興奮的東張西望著，我無時無刻不在注意任何綁著馬尾長髮的背影，我總是很仔細的端詳是不是我所冀望看到的那個清秀的面孔，那洋溢著烏溜眸子的她。照她的年紀來看，她應該是一、二年級的學生，而且我有信心相信她一定是和我在同一個小學讀書的，可是我每次都失望了，我見不到她的人影。

　　仲夏來了，夏蟬囂張的嘶喊著，而豔陽天的大太陽把大地照得滾燙；小黑狗也躲在角落吐著舌頭在喘氣著，而小白貓則蜷睡在躺椅上。我懨懨的闔上那本《豐年雜誌》；其實我只是迷上牛哥所畫的「牛大姐漫畫」而已，其他的農業問題，我是看不懂的。

　　牛大姐的造型是娟秀的，在她長長的瓜子臉上譜著大大的眼睛。她遭遇到痛苦，也愛得癡情；因此每逢《豐年雜誌》寄到時，我總是搶著看牛大姐漫畫，並且每次被吊足了胃口，繼續盼望下一期的分解。

　　我爬上美麗樹，它的枝葉並不茂密，豔陽依然透過樹葉的隙縫直晒在我的肌膚上；我有點燥熱炙痛，我一邊摘著美麗菓一邊吃著。美麗菓只有小指頭般大，多吃也吃不飽的；而在閒下來時，我就瞧瞧遠方的巷口，我看到她迎

著我走了過來，那裡只有她孤單的一個人影。

　　我摘了幾個美麗菓投給她，顫抖著聲音羞赧的招呼她。我討好的說：「要不要美麗菓，我投給妳！」她抬起頭來看了我一眼，接著就紅著臉舉起雙掌去擋住掉下來的美麗菓，並且罵著：「要死了，你要死了！」而後她就急急的跑過我家庭院。我感到很懊悔與羞慚，我開口討好她，那是我鼓足了力氣才有的動作，而她卻完全不領情。

　　哥哥說要帶我去玩，那是一件最令我開心的事了。我可以坐在腳踏車的橫槓上，盡情瀏覽青青的田野和碧綠的木麻黃。我坐在腳踏車的前槓上，而哥哥則狠狠的踩踏著踏板，腳踏車就急速的前行了。我們穿過了大街小巷，而後就往西庄那個方向前行。我感覺得到速度的快感，在鄉下的地方，雖也有汽車，卻是一年到頭也搭不了一次的，而那牛車又太慢了，所以只有腳踏車是既普遍又快速的交通工具，而我在腳踏車上也才能享受到速度上的快感。

　　腳踏車在石子路上顛簸著前行，我坐在堅硬的前槓上，兩條大腿顛得又刺痛又痠麻的。而馬路旁是及人高磚砌的大排水溝，突然的，腳踏車劇裂的往上跳動了一下，接著就摔了過去，我就不省人事了。

　　我的醒來，那已是昏迷了七、八個小時之後的事。那是我聽媽媽事後說的：「事件的發生，是由於腳踏車碰到拳頭大的石頭，車子一下子不穩就往水溝裡摔了過去；而很不幸的，你的頭正好撞在紅磚上，接著就昏迷了。」

　　我睜著眼，訝異的看看醫院裡那一床白色的床單，還

有白色的牆壁，而那種白色的地方，是令人害怕與陌生的地方。突然，我看到熟悉的眼神，接著看到她的馬尾長髮，那是斜披在她肩上的，哇，那不正是她嗎？我不自覺的興奮的笑了起來。而當她發覺我正目不轉睛的看著她的時候，她頓然也有點很不自然的嬌羞。我衝著她笑，我知道我笑得很是開心；而這時她也回了我一個淺淺的笑靨，她笑出了兩頰上的酒窩。

莫非她是醫生的女兒，我自忖著：怪不得在晒穀場的那邊看不到她的人影，原來她是住在街上。不過，她為什麼總是從「大厝谷」那個方向出入呢？其實，我也沒有太多時間去思考這個問題，因為我已經陷入了另一種興奮的情緒中。我仰起頭望著她說：「我見過妳好多次了，妳叫什麼名字？」

她用手把馬尾長髮往後捋一捋，別過頭來淺淺的笑著說：「李仙青，木子李的李，仙人掌的仙，青山的青。」

「妳到我家來摘美麗菓好嗎？」我邀約她。

「好呀，哦，那就叫美麗菓呀！」李仙青突然興奮的叫著：「多麼迷人的名字呀！──美麗菓。」但是，過不了一會兒的工夫，她那迷人的笑靨又收斂了，她有一絲絲隱隱的憂鬱浮上了雙眸；接著她就如同一縷輕煙般的甩著頭髮走了。

我又在病床上休息了好幾個鐘頭，媽媽這才把我接回家。媽媽憂鬱的告訴我，她怕死了！她說：「你在昏迷中曾經一度醒了過來，沒多久就又昏迷過去了，媽媽怕都怕

死了，以爲你活不了了。」

我媽媽的話並未引起我太多共鳴，所謂的死亡，意味著什麼呢，我並不太瞭解。我只一味的慶幸著，由於這個事故的發生，反而讓我認識了李仙青，而這是一件多麼巧妙與令人慶幸的事呀！

在台灣的夏天，總是颱風多雨水多。而颱風一來，接著就會下著滂沱大雨，而後就是洪水到處的氾濫。有時僅只下個一、兩天的傾盆大雨而已，而河川就會受不了而氾濫了。整個地區都處在漫漫的洪水之中，而稻田也被淹沒了，而雞鴨豬等畜禽也常被流失了。而對於美麗樹來說，那個洪水並不可怕，過不了幾個鐘頭，洪水就會退去；但對那無情的颱風的損害則不然了，那是一種無法彌補的災難，一種摧枯拉朽的暴虐。

每每在颱風狂吹下，美麗樹就會瑟縮著發出哀悽的呼號：它的衣衫藍縷，它的肌膚受到了斲傷，而它的枝葉也滿地飄落了，那些枝幹的斷折是處處都有的啦。而經過這樣的幾度狂風暴雨的吹襲，就把美麗樹也吹得凋零萎頓、遍體鱗傷了，著實令人感傷憂心。所幸放晴沒幾天，美麗樹又往往會抬起頭來，傲然恣意的生長著。

再次見到她的時候，是在颱風過後一個禮拜左右的時間，她依然和那兩個男生從「大厝谷」那邊的巷子走了出來。

「李仙青，妳要不要吃美麗菓呀。」我站在枝幹上高興的招呼著她。我只見她抬起頭望了我一眼，接著很快的又低下頭去。而那兩個男生也同時詫異的望了她一眼，他

們想說什麼的卻又突然止住了。過不了多久，有一位男生忍不住開口問：「他怎麼知道妳的名字呢，他叫我們去摘美麗菓呢，我們去摘好嗎？」

「不要，不要！」李仙青跺著腳、寒著臉拒絕。我無趣的低下頭，唉，女生的心呀，真是令人猜不透！

後來有一天，我跟著父親到山坡地去看新買的果園。我爸爸說：柚子樹太老了，結的菓子太少了，要砍了改種柳丁。我們一面說著一面細數著柚子樹；只見每株柚子樹上，都好像已經有幾十年的樹齡一般的鳩衣百結著，一副歷經了許多的苦難滄桑之態。

我們信步走到後山；後山是一片還沒有什麼整理的地方，到處都是雜草淒淒的、藤蔓纏繞的地方。突然，我看到在那山腳下有一座顯眼的新墳墓。而它附近的雜草才剛被清理得很乾淨，在那墓前擺著依舊生意盎然的鮮花，似是不久之前才有人來過。

爸爸說：「那座墳墓是林醫師家那個女孩的生母的墳墓，那個女孩的生父到南洋去打仗死了，很可憐的，去年她的生母又病故了。後來，才有好心的林醫師同情她的孤苦伶仃、無依無靠，就收養了她，把她當養女。」

我憂傷的聽著爸爸的述說。對她那麼一個清秀的女孩，竟要背負如此沉痛的身世，經歷那麼多的坎苛世界，怎不令人憐惜呢？我要好好的和她做朋友，要好好的保護她，永遠的呵護她，我暗自在心裡發誓著。

雖然我一直期望能再次見到她的人影，而且我要勇敢

的告訴她：「我們做做好朋友，永遠的，永遠的好朋友。」可是一個禮拜過去了，兩個禮拜也過去了，甚至於兩個月也過去了，我依然見不到她的人影。後來我才聽人家說，李仙青走了，她又回到她媽媽的身邊去了。有人傳說，她是得了血癌，就連林醫師都來不及救回她的命。而在那一天，我在美麗樹下哭泣了很久，為了李仙青短促的生命以及她的坎坷人生。

美麗樹後來被哥哥砍了。哥哥說：「美麗樹太脆弱了，經不起任何的風雨折磨，尤其颱風來臨時，總是躲不過折斷的災難，而經常被摧殘得體無完膚，何況它的枝椏還經常橫掃著瓦片，毀了屋頂。」

美麗樹被砍了以後，我依然常常的想念到它，或許是很難忘懷那位薄命的小女孩！

而在十年之後，我在嘉義的垂陽路上，終於再次看到了美麗樹的蹤影。那菓樹矮矮的，或許是種了沒有幾年的關係。我在美麗樹下佇立了很久不願離去，我似在重溫著老朋友的溫馨，懷念著一位綁著馬尾長髮的女孩。而自此之後，即使我走遍了台灣各處，可是我再也沒有發現過有美麗樹的其他蹤跡了。

（刊 1985.05.20 台灣日報）

偷

　　她匆匆打開樓梯間的鐵門，快速的奔跑到巷口張望著，她露出驚慌、迷惑與恐懼的眼神，望著自己的三樓住家。

　　時間已經接近傍晚了，原本該是他下班回家的時候，再過不了一會兒工夫，她的老伴就要回到家了。而在這幾十年來，老伴就如同時鐘一般的準確，不會誤點，該「噹」一聲就「噹」的一聲。

　　她請了一天的休假，本想在炎炎夏日裡留在家裡好好休息一下，只是看不慣門窗的灰塵骯髒，就把整個上午全耗在清洗門窗的工作上了。

　　在白天裡；她經常會睡個午覺，只要有機會的話。然後她會上街去買一點菜，準備晚上煮來吃。而事情就這樣子發生了，當她打開了三樓的大門走進屋子裡，她突然瞥見女兒的房門是關著的。她記得很清楚剛剛出門的時候，那時她是注意過的，那個房門那時還是開著的。

　　她不敢敲門甚或開門，她的恐懼一下子就迅速的擴散

了。這個屋子，小偷已來過兩次，雖然才蓋好五年而已。那時她的房子是出租的，而受損的是房客。但接連兩次的遭竊，依然會令她不寒而慄。第一次遭竊，是在後面那幢房子正在興建的時候發生。那個建築鷹架從樓下直接搭到五樓，大家都這麼猜說小偷是從鷹架爬上來的，而那一次的房客是丟了一條金項鍊。而第二次遭竊，那個鷹架已拆除掉，這時大家又猜說是沿著大排水管爬上來的，而這一次的房客是損失了一台錄音機。

她緊盯著三樓的門窗，罵著老伴：「這死鬼，一向準時，而今天可真邪門，到現在還見不到人影。」

「下班了？」她在楞楞中聽到有人打招呼。她撇頭一看，原來是五樓的鄰居。

「我休假。」她如同在茫茫大海中看到島嶼般的興奮了起來，她安心不少的央求著：「幫我看看我女兒的房間，那個房門原來明明是開著的，怎麼會突然的關了起來呢，恐怕裡面有人！」

她怯怯的搶先上了樓，把三樓鐵門打開著，輕聲說：「就是那個房間。」鄰居一馬當先踩進客廳，接著輕輕的推開房門。「沒有人呀！」鄰居望了一眼室內，她又退到了客廳。待鄰居走到樓梯口，她突然又感到很孤單，她有著被遺棄的感覺。她在那鄰居的背後急急的叫著：「怎的門又關了呢？」

「是我關上的。」那鄰居一面回答一面把勾在鐵柵門上的雨傘順勢拿在手中，她又折了回來。她再度推開那扇

門走進去四下裡張望著，而這一次她顯然比上一次多看了幾眼，但她依然沒有發現到什麼異狀的說：「沒有人呀！」

　　鄰居篤定的走出了家門，她有一股恐懼與孤單又驟然的浮上了心頭。她讓那三樓的鐵門敞開著，她要那唯一她和外界聯繫的門敞開著。她深盼老公早一點回家來，雖然他也老得快要退休了，至少總是有一個人相伴著。而這樣的話，會使自己心安一點，就是有小偷在屋裡總也有個老伴去對付他。

（刊 1985.08.27 大華晚報）

嘉平的心事

　　揉揉惺忪的睡眼，惠惠把水壺接滿了水放在瓦斯爐上，然後點燃瓦斯燒著開水。現在已是早上七點多，掛在陽台上的百靈鳥叫得晨曦畢露，令人不敢怠慢的，該趕緊準備孩子的早餐了，否則恐怕孩子們又要遲到了。

　　孩子們是放假了，不用為了打點孩子們上學而在天未亮時就起床了。只是她這個人真的太惰性了，睡覺時間比以前的充裕，反而常常趕時間上班趕得團團轉的。

　　在百靈鳥的鳴囀聲中，她突然聽到一聲嘩笑說：「媽，你欠我錢！」

　　惠惠回頭看，大兒子嘉平正站在客廳裡，在他那一付失魂落魄裡夾著一些戲謔味道的說著。惠惠驟然楞了一下，她搔了搔頭一時裡怎的也想不起哪時欠了他錢的！雖然有時買個什麼零星東西，她會叫孩子們先墊；只是在記憶裡，似乎最近並沒有要大兒子先墊過什麼錢的。

　　「沒有欠吧，哪時欠了呢？」惠惠疑惑的問著。

　　「有，有欠，有欠錢！」嘉平像被激怒般地叫了起來，

那樣子是很蠻不講理的。

　　惠惠看著他，看著他這幾年來因為拚命用功讀書而瘦削了的雙頰，不忍心的說：「好啦，多少錢？」

　　「五十塊！」嘉平綻露出一份神秘的說。

　　惠惠隨手把五十元交給嘉平，然後她又低著頭調著牛奶。她不禁想起三年來嘉平競競業業的讀書，而其平均成績總在班上的前五名以內。而這不能不承認他的功課是不錯的，他是很用功的人，相信他考取學校應該沒有問題的。但是，聯考的關卡確實也不容易闖。何況三年的努力，卻是僅僅使用在兩三天的考期裡，萬一有個失常的，想重來一次又要挑燈夜戰了一整年。所以聯考制度，就不免給人很大的壓力了。嘉平確是很乖的，他從高二開始，每有假日總是泡在圖書館裡讀書。他摒棄了任何的課外活動、看電視、外出郊遊的，就連他心愛的幾首鋼琴曲子也不再彈奏了。

　　嘉平不但讀書讀到很晚，而且還起得很早，甚至於過年過節時也是如此。聯考的窄門太難擠進去了，他的壓力太大了，惠惠嘆息著。雖然惠惠她也是聯考的過來人，但三十年前的聯考，可沒有今天那麼的被重視與競爭的呀。但是，嘆息終歸是嘆息，她對嘉平的廢寢忘食，也無可奈何呀。聯考是不怕一萬就只怕萬一，如果聯考沒有上榜，那麼他又要煎熬一整年。惠惠把牛奶調好，她又烤了幾片土司，而自己就三口併兩口的吃下肚子去。當她正待拿著手提包出門時，她的大兒子從他的房間裡探出頭來叫著：

「媽，還妳錢！」

　　自從參加過聯考以後，嘉平就是這樣的，一下子又是欠錢的、一下子又是還錢的，已經連續的發生好多次了。惠惠苦笑了一下，她並沒有把錢接過來，她用憐惜的眼神看了他一眼，安慰的話依然留在她的嘴裡，她只交待嘉平去看一場電影輕鬆一下吧。她想著：「或許這就是過度焦慮的反射吧，但願能早點放榜，也可以了卻他的一樁等待的心事。」

　　百靈鳥依舊鳴囀著，惠惠把門掩上，她急急的下樓去上班了。

　　　　　　　　　　　　（刊 1985.08.27 大華晚報）

幸運號碼

　　阿財匆匆檢視著獎券攤上的獎券，他並沒有發現他心目中所想要的那個幸運號碼的獎券。

　　而這簡直就像在大海裡撈針一樣的，愛國獎券的發行遍及台澎金馬各地區，有多麼遼闊的區域呀！更何況已經開始發售了三、四天以上了，說不定那張有幸運號碼的獎券早已被人家買走了。而對於這種猜測，著實令他感到很是失望與焦慮。阿財無視於馬路上匆急奔走的車輛，他一心只惦記著那張幸運號碼的獎券。他橫過了馬路，直接趨向另一家的獎券行而去。在今天，他已經跑了二、三十家的獎券行了，他依然找不到那張他急著想要的有著幸運號碼的獎券。

　　眼前的那家獎券行是一家連鎖的商店，他們號稱可以南北券大會合的，而其店面也頗為寬廣，招牌也是偌大的一個，上面寫著一些招攬他人買獎券標語的辭句，諸如：「來就中獎」、「一券在手希望無窮」、「今天買一張明天成富翁」等，令人看了就心動的廣告詞字眼。

在數天前，阿財在睡夢中霍然見到了一道黑光沖天而起，令他非常的震驚。接著看到似有一個一連串的數字，就在空中急馳而過，向西天直奔而去。

阿財用心思索那一連串的數字，雖然那串數字似乎是那麼的模糊。但是，如果仔細辨識的話，那一串數字似乎是「三三五七八九」；他拿起筆來急急的寫下來，然後他才又倒頭大睡。已經有很多次的經驗了，他的夢會告訴他許多未來將會發生的事；或許那就是所謂的第六感吧。記得那年他父親病重時，他也是預見他父親滿臉枯槁的模樣，等他醒來就一直的心緒不寧；不久，他的弟弟就來電話說父親病危了，要兄弟大家回去看父親的最後一面。

他甚至於有時會夢見傾盆大雨，雖然那時是在天高氣爽的季節裡；而且，還真的在午後，卻硬是下起傾盆大雨來了。而諸如此類的，令他對他的「夢」永遠懷有一份神秘與敬畏，而且認為那是一種超人的感悟力量。

他把那個數字用心的記下來，他感到有些事情即將發生的。其實，那更該是經驗累積而感受到的。而這他曾有多次經驗了，當他次晨醒來，而其夢境已模糊了，想要片段、片段的組合起來已經無法連貫了。所以從此每當被夢驚醒時，他總是在記憶尚未全然消失時趕緊的記下來；一如這次顯現的數字一樣，如果不馬上記下，那麼長的六個數字，怎能一字不差的呢？而那數字到底揭示了什麼？其實他也一無所知；但他深信那一定有所象徵什麼意義的，才會出現在他的夢中，他思索著卻無任何的結果。

　　次晚，他又夢見了那一串數字緊隨著一道黑光躍入西天。待他驚醒過來，他呆坐在床邊默默的想著，這麼連續兩天的夢，似乎老天爺極想告訴他什麼的，可是他卻不知道，他嘆了一口氣。他坐在床沿，再也無心安睡，他只一逕想著那不可思議的數字。他勉力的思索日常所見到的一系列數字，比如車牌、身分證、電話號碼等的，但他找不出任何六個數字的號碼，他不安的疑惑著。

　　窗外是一片靜寂的冷清，只閃著幾顆孤單的星星；他隨手把那舊報紙攤開，突然他的眼睛為之一亮，他正巧看見愛國獎券的開獎公告。而在這時，他突然靈光一閃，腦中那串數字化做千元大鈔，他將之疊了起來。他想著莫非是財星高照了，他不由得暗自驚喜萬分。

　　只是那麼一下子的，他又陷入了苦惱之中，這張愛國獎券要到那裡去找呀？從南到北，從台灣頭到台灣尾，有那麼多的獎券行散佈在各處。不過他並未完全灰心，他想著：既然夢指點出了號碼，至少也要告訴他一個方位去找呀；可惜他一連兩天的，並沒有夢見到底該往那個方向去找比較適合。

　　夢不再告訴他什麼了，他只得去求神卜卦。他把卜杯舉高過頭在嘴裡念念有辭，而後把卜杯卜到地上。第一次是笑杯，第二次依然是笑杯；他不禁自個兒也笑了起來的，或許是神在笑阿財那股財迷心竅的念頭吧。

　　他再把卜杯舉高過頭，很虔誠的祝禱著。他在嘴裡自己嘟噥著，既然托夢何不再指引方向呢？如果是在西方，

請給相杯吧；說也奇怪，經過這麼一禱告，卜杯往地上一卜，滾了幾下就變成相杯了！阿財滿心歡喜的把卜杯擺回神明案上。

次日，阿財就依照神明的指示往西方走。他追尋著，專找著獎券行看。有的獎券行只有一個小小看板；有的則是充分利用公寓的樓梯口、或者小小淺淺的空間為店面。而有的則佈置得堂皇耀眼，同時也掛滿了一大堆錦旗和謝匾。他不禁興奮了起來，獎券行也如同人生百態一樣，每個人各彈各的調。他就這樣順著的一家家不漏掉的到處在找那一組神秘數字的獎券，可惜呀，他所有的努力都失望了。

他走進了連鎖店的那間獎券行，那間店裡的獎券是比一般的獎券行多了許多，而且標示著「台北券」、「台中券」、「台南券」、「高雄券」、「屏東券」等的字樣。那個「ＸＸ券」的意思，其實就是那些獎券就是在「ＸＸ」地方從台銀的分行批售回來，然後再批送到這裡來賣的；而那是為了給有地區性偏好的客人有選購的方便。他逐張的流覽著，他找了一遍又一遍的，卻就是找不到他心目中的那一組號碼。獎券行的伙計們望了他一眼，他們又把一大疊的獎券擺在玻璃櫃上，招呼阿財說：「那就看看這些獎券好了。」

阿財停住往外移動的腳步，他又張開他呆滯的眼神逐張的在審視。他連續的奔波了三、四天時間，但是那也只是換來他兩腿的痠麻，心神的痪散，一點成果都沒有。

這真是一個大玩笑，阿財想著：「這難道是『天公』

在開玩笑嗎？每期有近百萬張的獎券流入市面發售，而自己還可以到哪裡去找那一組他夢到過的號碼！」

　　阿財走出那一家連鎖店，他失望的想放棄這種渺無希望的追尋。但是，他又繼之一想，夢既然指示他那一串的幸運號碼，他不去努力找尋，惹火了財神爺，也把財氣都嚇跑了，那不是「煮熟的鴨子飛了」嗎？豈不更令人氣結。

　　阿財有點急躁的走向中壽路，在他的心裡有著非常不安的忐忑著。這幾天的勞累與困頓早已使他的兩眼發黑，有氣無力了。阿財早上出門時，阿桂曾勸過他：「別那麼傻了，幾百萬張的獎券呀，你哪去找那一串的幸運號碼呢？」但是他卻無動於衷。他堅持著相信那夢境，他要是能找到那串幸運號碼，他就是找到了財神爺，而且後半輩子從此也不用再辛苦了。

　　打從幼年時候開始，他就是一直沒有好日子過的。他在小學還沒有畢業以前，就輟學去當小工了。接著慢慢的熬到獨自做零工，收入也較前改善了一點。但是，最近景氣不佳，他三天捕魚四天晒網的，手頭拮据得很。

　　在昏昏的天氣裡，一下子就下起毛毛細雨來了。阿財有點累，他放慢了腳步；這裡雖然是小鎮，商店還是到處林立著。年節也快到了，處處都是擁擠的採購人潮；而阿財卻無視於這種熱鬧氣氛，他只一心一意的惦記著愛國獎券的那碼子事情。而這時，他遠遠的看到對街又有一家愛國獎券行，它們正用著擴音機狠力的播放著：「愛國獎券，愛國又發財，來，來，來，今天買一張，明天就是千萬富

翁，來，來，來，馬上就要開獎了，機會難得。」

阿財也不管什麼紅燈、綠燈的，他興奮的跨向馬路衝了過去。突然，馬路上響來一陣緊急刹車聲，刹那間阿財就撲倒在柏油路上了，在朦朧中阿財又看到了那一道黑光沖天而起，令人目眩不已。

當阿桂看到了阿財躺在停屍間的時候，阿桂是哭得死去活來的，她號啕著大哭著：「夭壽仔，你真是沒有良心呀，你就這麼一走的，還真是鬼迷心竅啦！什麼幸運號碼的，什麼三三五七八九的，夭壽仔，你這一走我怎麼辦呢？往後的日子我怎麼過呢？」阿桂哭著，哭著，接著一頭撞向牆壁。她悲悽的尖叫著：「你既然不管我的死活，我也不想活了！」那聲音是又淒厲又悲痛。

在一旁的三姑六婆們，苦苦的把她勸住了，阿桂這才頹然的呆坐在一旁。但是她依然淚眼婆娑，悽愴著臉不知所措。

次日，阿桂又回到醫院申請阿財的死亡證明書，突然她難以置信的又看了一眼那死亡證明書上的那一串號碼。那一串號碼竟是那麼的熟悉，那就是阿財口裡唸著的「三三五七八九」，而那不是夭壽仔念念不忘的幸運號碼嗎？這時的阿桂只是慘笑一聲，而那慘笑聲比哭聲還難聽。葬禮很快的在冷清悲悽中草草舉行了。

（刊 1985.12.16 大華晚報）

迷失的狗

　　牠在昏暗的街道上踽踽獨行，有時駐足在紮成一包、一包的垃圾堆前搜索著；牠以往的那種晶亮、炯炯有神的神情已然黯淡了，只剩下一點兒魚肚白無神的眼珠子在黑夜中掙扎。牠望望那在天上閃耀著的星星，有點似曾相似的感覺，好像以前也在哪兒見過。牠伸出已是孱弱的爪牙，無力的伸向紮成一包包的垃圾袋，其實那也是伸向了一片的空茫。

　　牠把塑膠袋抓破，露出了被人們丟棄的殘菜與剩飯或者魚刺和骨頭。牠伸出已不很靈活的舌頭去舔食著，也用似還堅硬的利牙咀嚼著。在一年零數個月的歲月催促下，牠已然老成一隻癩痢狗。在三個多月來的流浪日子裡，在餐風飲露中，牠已然瘦成一隻可憐的狗，一隻撐著搖搖曳曳身影而獨行著的狗。

　　在冷冷的夜裡，在淒淒的街頭裡，牠抖索著四肢把一份落寞與沮喪搖落在街頭。若非嚮往那一點點憧憬外面世界的念頭，那急於和天地合一的想法，牠也不至於逃離家

園而在街頭流浪了。

　　三個多月前的一個大清早，當牠探出了頭，正巧撞見了一隻大黑狗，那是一隻衣衫襤褸的大黑狗；但牠的頭仰得老高一把的，牠高傲的闊步在街道上走著。小白好奇的瞄了牠一眼，就是瞄了那頭仰得老高一把的傢伙。那大黑狗也瞅著小白睥睨一切的說著：「喂，妳就是那隻阿財嫂豢養的整天吃得飽飽、睡得好好的小白嗎？」牠仰起惺忪睡眼，怯生生的說：「先生，是的。」

　　那大黑狗吐了一口痰傲氣的說：「怎麼啦？在溫室裡不愁吃不愁穿的生活很是舒服吧！但是，妳可曾想到自由的可貴嗎？妳知道如果妳不聽從阿財嫂的話，妳會有什麼後果嗎？很簡單的懲罰，就是饑餓妳的肚子！如果妳還不聽話，那就打妳、踢妳，總要懲罰到妳不敢不聽話。」大黑狗接著又說：「妳看我是多麼的自由自在呀，我愛往哪走就往哪走，像一片浮雲，像一片浮萍的自由。」而後那大黑狗挺著胸膛邁開大步的向前走了，然後牠就消失在街角的那頭了。

　　小白自從聽了那黑狗的一番話以後，在牠的心裡就經常忐忑不安的飄浮著一片浮雲。牠看看外面世界，才突然憬悟到藍天白雲是多麼的悠閒美麗呀，而青青草原是多麼的迷人呀。於是，當主人忘了把門掩上，小白就趁機偷偷的溜走了。起初小白還記得回家的方向，而且原本只是想要到各處走走而已，但當那奔馳的車輛以及炫目的霓虹燈吸引了牠的好奇心之後，當那瑰麗的花朵以及草木令牠心

裡感到很舒暢時，牠沒有想到的竟然就迷失了，牠忘了怎麼回家的路了。而在這之後，牠只得每天在垃圾堆裡打轉著，尋覓人家丟棄的殘羹剩飯了。牠也在停靠路邊的汽車底下憩息睡覺，而接著來的就是牠的身影開始憔悴，牠的光采漸漸的蛻化。牠開始懷疑那大黑狗的傲骨到底是怎麼來的，牠也不知道那黑狗到底是什麼傲骨頭做成的，為什麼在沒有主子的供養下依然茁壯出一副的傲骨頭。

　　夜依舊很靜寂，牠畏縮的捲著脫了毛的尾巴，在把那塑膠袋裡的一點點剩飯剩菜吞進肚子之後，牠搖晃著身軀，走向另一戶人家的門口去尋找另一戶人家的垃圾了。

（刊 1986.02.22 商工日報）

父　愛

　　阿逸一面把養雞的飼料倒進廚餘裏，一起調合著；然後，他端著缽子走向楊柳樹下。在那棵楊柳樹下的籠子裡，關著好幾隻的大、小雞隻，那些雞隻早已餓得飛撲著牠們的翅膀。而當牠們驟然見到有食物送了進來，牠們更是興奮的急躁的振動著翅膀爭竄著，而這個籠子的空間確實太小了，以至於牠們常是爭搶著的想飛撲出籠外去。

　　阿逸一面把飼料倒進了食槽裡，一面也注了一些清水在空的奶粉罐中。而那些大小雞隻一見到有食物分別放在食物槽的左右兩端，牠們更是興奮得探出頭猛吞著食物、猛啄著食物。牠們那種不甘落後的爭搶蹦跳的狠勁兒，幾乎要把籠子都要掀翻了，以致於有許多飼料和清水也都撒了一地。

　　阿逸望了那些雞群一眼，嘮叨著自言自語的說著：「搶什麼勁兒嘛，給了那麼多的飼料，吃也吃不完的啦，還有什麼好搶的呢？哪時餓過啦，真是的。」

　　要是在往日，阿逸難免要等到雞群飽食安歇了，把水

泥地上那些掉下來的飼料，掃在一起再次的放進食槽裡以後，才會回到屋子裡。但是，今天的阿逸，一點兒也沒有興致去照顧雞群的搶食了，去照顧雞群的吃食了。他進到屋子裡，又開始忙著那些搓揉麵粉的工作了。他彎著腰身靠著飯桌的旁邊，一忽兒抹上乾麵粉，一忽兒搓揉著濕麵糰。他把濕麵糰搓揉得彈性十足的，而那樣子蒸出來的包子，才會又鬆頓又有咬勁，阿逸深懂這個竅門。

　　搓揉好麵粉以後，阿逸就把麵糰扯成一糰糰的，而後再包上絞肉餡；那些絞肉餡不但精白相間的，而且還混合著蔥白和花生油，因此更是散發出一股的清香味，然後又一個個的放上了蒸籠去蒸熟。

　　太陽已爬得很高了，小庭院裡的楊桃樹伴隨著陽光開展著，輕風徐徐的吹了過來，有幾片枯黃的小葉子飄呀飄的飄了下來。時間過得真快呀，從四川撤退來到了臺灣，倏忽間已過了十八載的歲月；也怪不得的，阿逸手植的楊桃樹的主幹也長得有碗口那般的粗了，而且其高度比眷舍的平房還要高一些，況且又是覆蓋著丈許方圓的密葉，而其濃蔭茂密，看得出來是經過歲月的灌溉許多年了。

　　阿逸把蒸好的包子，打點成包就跨上了腳踏車，他的兩個女兒一向聰明伶俐。大女兒不但在課餘時會幫爸媽的忙，而且善體人意；而二女兒在撤退時可真是吃了不少的苦頭。二女兒在那種無遮蔭無覆蓋的舟車上，她是一路的晒著太陽，晒得小臉蛋兒處處是又黝黑又脫皮的。於今，她們兩個都不在身邊了，可不知道她們的生活可好？

　　騎在縱貫線道路的路上，兩旁都是翠綠稻田，一片碧茵如畫，那是無比的安詳與和穆的家園，一點也不像小時候住過的香港。在香港那個小地方，就只有山巒和海洋而已，再不然就是屋宇和房舍，即使走遍整個的小島，也很難得見到有菜園子，更甭說是有阡陌稻田展現在眼前的景觀了。

　　打從香港危急之時，阿逸就逃到內地去從軍了。他擔負起抗戰任務，而一轉眼的二十載就過去了，而也就這樣子的離鄉背井在外地奔波了。事實上，阿逸一向很隨遇而安的，說一點不好聽的，還真有點不太知道進取的。幸好一家人相依為命和樂融融，而子女也知道讀書用功。幾個大一點的，都已經大學畢業或正在讀大學哪。阿逸相信他們的一生會過得比自己安逸，而也更能為國家社會做更多的事情了。

　　在縱貫公路上，兩旁蔥鬱的芒果樹和木麻黃樹夾道而站立著。那時的縱貫路面還是土石子，風一吹來，公路上就捲起縷縷的風沙飛塵。阿逸賣力的迎著風沙北上，而他的腳踏車也不甘寂寞的「匡噹」響著；大女兒剛嫁人，還不到三個月哪，也不知小倆口子還鬥不鬥嘴的。

　　記得他們新婚不久，小倆口子就吵架鬥嘴了。其實說來也不是什麼大不了的事啦，他的女婿是當記者的，難免要應酬吃飯。而在那一天夜裡，他的女婿喝多了幾杯的花酒，所以三更半夜才回家。而大女兒的個性也是倔強得很啦，當天他的大女兒就把大門一鎖，硬是不准她的先生進

來，害得她的先生只得在旅館裡住了一夜。而這還不只這樣啦，事情還沒那麼快了結的啦，更絕的是，次日他的大女兒就收拾好行李跑回娘家了。大女兒說什麼從岡山通勤比較方便啦等的一大堆理由，硬是要賴在娘家住下來。這是那兒的話呀，嫁出去的女兒不住在夫家，卻吵著要住回娘家。後來問明原委，才知道原來是小倆口在嘔著氣哪。嫁出去的女兒跑回來娘家住，再怎麼說總是有點那個；阿逸只得好說歹說的叫女婿來接她回去，而如此的小倆口才又和好如初了。唉，本來以為女兒嫁人了，可以不用再操心了。其實不然！這麼個把月沒有消息的，也讓人更為惦念了。

而更令人惦望的是二女兒了，她在十幾、二十年來的，從未離開過父母身邊，只是因為要準備大學聯考，所以就隻身住到姊夫家就近補習。二女兒是有點笨手笨腳的，書也沒讀得很好，她省中考不取就只考上了縣中，而於今她也熬到高三，要準備聯考了，也不知道她現在用不用功的。

她的媽媽有次看到她整天貪玩不用功，就責怪她說：「聯考考不取，就送去當臨時雇員好了，早早的嫁人算了！」貧窮人家無根無基的，只得讀好書才會有出息的日子可以過，而這就要看她自己的本事與運氣了。要真的還不知道用功讀書，萬一真的考不取，也怨不得父母了。可是她的兄姊都已經上了大學，只讓她讀個高中就不讀也是不妥呀，難不成她要說爸媽偏心啦。其實，手背手心一樣是肉，父母怎會偏心呢？只希望她能夠用功一點，就是只

擠上私立學校也只得給她去唸了。

「匡噹」的一聲，阿逸一個不小心的，腳踏車的前輪就撞到馬路上凸出來的大石頭了，害得腳踏車的車把左右的亂彎亂轉的抓不穩。而這一驚的，就把阿逸的心都驚回來了，阿逸急著加快的踩踏了幾下踏板，以維持車身的平衡前進。

前方的風景依然和岡山的風景相同，在這個嘉南大平原上，一路上盡是沒有變化的蒼翠稻田，而田野裡有農人跪著身子在除草，也有站著在施肥的。而田野裡偶而有三、五間的房舍相聚著，而它們的庭院上總是種了搖曳生風的苦竹林或是香蕉樹；有時還會有一些挺拔細高的檳榔樹。也多虧臺灣有這麼豐饒的農產物了，也才能養活這麼多的人口，而且在生活上還有年年有改善的空間與進展。

阿逸抬起腕錶來看著，都快一點鐘了，也怪不得要汗流浹背了。五、六十公里的路途也是夠累人的啦；但是阿逸一點兒也沒有怨尤，而且還更顧不得休息，顧不得掏出手帕來擦汗，他只是隨手在臉上一擦的，就把一臉的汗珠抹到掌心上了，然後再摔掉。在他的心裡，他是巴不得能早一點看到他的兩個女兒。

有人搖著鈴鐺過來，那人把冰桶放在腳踏車後座上叫賣著。而這個叫賣聲引誘得阿逸猛想起口乾唇燥的事，很是難受。也難怪啦，在這個大熱天裡，騎上三個多鐘頭，哪有不渴不累的。但那個想吃上一根冰棒消消暑的念頭，一下子就雲消霧散了。阿逸想著：又何必花錢去買冰棒呢？

女婿的家裡，當然有開水。何況，省吃省穿總是美德呀，二女兒也要上大學了，馬上又要花掉一大筆的學費呢。

阿逸忍著飢渴、忍著勞累，他加速的踩踏著踏板。上了臺南的街頭，再轉向公園路；遠遠的，他就看到了公園旁的宿舍。阿逸望眼欲穿的點數著那一排構造一模一樣的宿舍，那是女婿公司的宿舍，而他也很快的就認出了女婿家門口的那棵楊桃樹了。宿舍門是開著的，阿逸急急的跳下腳踏車，他扯下包袱直往屋子裡走。而當他正要跨進門檻時，他就碰到了大女兒一臉的驚喜眼神。大女兒一頭霧水的問著：「爸，你怎麼來了？」

「喔，喔，我帶了一些包子來，妳不是從小就很喜歡吃包子嗎？」阿逸找了一張椅子逕自坐下，他拿著報紙當扇子搧了幾下，真是的，這，怎麼好意思說是惦著兩個女兒喔。

（刊 1986.05.09 中央日報）

王太太家遭竊記

　　那是一件很忙、很累人的事；但是，我工作得很是高興，因為我終於有屬於自己的窩了。結婚快十年了，我們一直租房子住，我們就像住在旅館一樣，一點也沒有家的安全感和所屬感。我們想買個中意的櫃子，也會想到搬家時會很麻煩，又很容易在搬家途中撞壞而作罷。其實，若真想隨便買個窩，早幾年也可以辦得到。只是，我一直希望能買個離市區近一點、大一點坪數的房子，而且也要考慮到學區好一點、交通方便一點，如此一來才可以一勞永逸的住上一輩子。

　　在以前租屋時，也曾經搬過好幾次家了，那真是個頂頭大的煩人事情。除了在搬家以前要裝箱、打點整理，少說也要先忙個半個月的時間。而等搬到新家以後，我們又要拆箱擺放、整理，而那些工作又是半個月的時間；所以搬個家的前後，總是要累得有若生了一場大病般的疲累、虛弱。

　　而對於這次的搬家，我們並沒有以往那樣的煩心，因

為我們總認為這是最後一次的搬家了！因為那房子是我們
自己買的。我們兩個年輕人在一點經濟基礎都沒有的時候
就結婚了，我們只憑著畢業證書上的學歷分別在公私機關
裡服務，領著一個月發一次的固定薪水而已。我們都是沒
有承繼田產的人，因為家裡本來就沒有田產，又因皆有眾
多兄弟姐妹，而他們所受到的教育都較少。而我們讀書時
也已經花了很多錢，哪敢再開口分那一點點微薄的田產
呢。所以我們只得憑著自己的雙手打天下了，而在用度方
面也固守著分寸，能省就省。

　　對於搬家來說，我們是不怕麻煩的人；但對於換個新
的環境，那倒還真有點擔心。人家說遠親不如近鄰，住在
一起就要互相照顧，住起來也就比較平安；萬一有個歹鄰
居，那就有得受了。而就是沒有歹鄰居，若像某些公寓見
面裝著不相識，那也未免太冷漠了。我們並不是喜歡串門
子的人，但每至新環境，我們依舊會和樓上、樓下的人聊
聊天的。我們會互相聯絡的，也在互相間有個照應。

　　下午時，我們把一些馬上要用到的東西擺好；我正想
坐下來看看電視，喘一口氣休息的時候，門鈴就響了。

　　我正奇怪著：我們才剛搬家的，就有訪客了。而且大
門也已經被推開，那個探頭進來的正是一樓的王太太，她
懷裡還抱著一位小嬰兒。

　　「唉喲，李太太呀，妳搬來啦，以後我可有伴了。」
王太太連珠砲似的叫了起來：「我們這幢樓呀，就數我第
一個搬來，其次是五樓的張太太啦；所以在白天裡，我先

生不在家的，我就怪孤單無聊啦！」

　　認識王太太是我們一起在建設公司繳交分期付款時碰到過的，我看她穿得整整齊齊，話又很多，好像很心直口快沒有心機的樣子，所以我認為她倒是很容易相處的人。

　　「坐，坐。」我連聲招呼著。而電視裡正報導著美利兩國的緊張情勢，而如此的重大新聞，我是急欲知道其詳情的。

　　「不啦，不啦，我只是來看看妳們的房間而已，我很忙的，等一下我先生就要回來了，我馬上就要回家了。」

　　「我帶妳看看好了。」聽王太太說要看我的房子，我只得拋下電視節目，就陪著她走走看看，但是我在心裡依舊惦記著美利兩國緊張情勢的新聞。

　　「唉喲，妳們家還沒有裝潢嘛，像陽春屋一樣，五、六百萬的房子耶，也不裝潢裝潢，漂亮一點。我們這幢樓呀，就數二樓裝潢的最好了，王太太瞄了一眼我的簡單的櫃子，接著她又走進臥室去東瞧西瞧的。

　　忽然，她像發現了什麼新大陸一般的，驚叫了起來：「唉喲，妳們還睡這種硬板床呀。這是什麼時代了，人家都是睡彈簧床了，而你們還睡在這種硬板床，也不怕人家笑死了！」

　　本來我想告訴她，近來的醫學觀念，睡硬板床較不容易滋生坐骨神經痛或是骨刺什麼的，她的先生難道沒告訴她嗎？可是我轉念一想又何必傷了我們的和氣呢。

　　電視的新聞節目已經播報完了，接著就是演那種拖拖

拉拉、很沒有節奏感的連續劇，而我依舊讓電視開著。其實，我幾乎不看連續劇的，為的是小孩子要做功課，我不想讓他們分心，所以我家的電視機就很少打開了。

何況我們在白天裡都要上班，所以許多家務事都要留到晚上才能做，所以我們就更就沒時間看電視了。而今天我所以還開著電視，只因有客人在場，在大家暫時沒有話題時，可以望一眼電視消遣，免得太尷尬了。

「李太太呀，我跟張太太合夥開的麵攤就在拐角那裏，有空就常來照顧呀。我們今天是提早打烊了，所以我是剛從那邊過來的。我聽說妳們搬來了，所以就急著過來看看；若不是休息的日子，我們都還要營業到十點才會打烊。」王太太抱著她的小嬰兒坐了下來說。

「好呀，大家都是鄰居，當然要多多的照顧了。」我先生插著嘴說：「妳先生不是賺錢很多嗎？又何必和別人合夥做生意呢，那不累嗎？妳先生自己開業，妳就幫忙掛掛號什麼的，一樣是省開支、賺錢呀！」

「唉喲，你就不知道我那先生呀，他就只喜歡做研究的工作，他就快升上科主任了，一個月有三十萬耶！」

「哪有那麼多的錢呀！」我心裡狐疑著沒問，但我的先生卻問了出來。

這時我只見到我先生的話還沒有說完，他就好端端的不在沙發上坐，卻偏偏一滑溜就滑溜到地板上去坐了，而這我並不覺得有什麼奇怪，因為他有時就喜歡坐在地板上。

「有外快呀。」王太太一副得意洋洋之狀的說著。

我抬頭望了她一眼，不敢相信的是：我竟好像看到她敞開著胸口在餵奶。我把眼鏡摘下來擦一擦，深怕塵埃矇住了鏡片，讓我看走了眼，怪錯了人。可是，當我又戴上眼鏡時，我依舊可以模糊的看到王太太確是在餵小孩子奶水。

「唉喲，我該回去了，我們明天一大早就要回東部去了，我得先回去準備一些行李。」王太太又說著：「我們平時很少回去的耶，我們會趁著元旦的假期多玩幾天，我們初五才會回來。」王太太終於走了，她就像一陣多嘴的風一樣。

「常來玩呀。」我把王太太送出門。

「當然啦，大家都是鄰居嘛，以後見面機會也多的很哪，當然要多多的聯絡嘍。」王太太熱絡的說著。

我還一直在懷疑是不是我的近視眼又加深了，否則怎麼可能看到王太太在別人家裡就袒胸露乳的餵著小孩子奶水呢，當晚我忍不住推推我的先生說：「王太太是不是在我們家裡餵小孩子奶水呢？」

「沒有錯呀，妳沒有看到我坐到地板上去看電視嗎？我是不好意思看呀！因為如果我仍坐在沙發上的話，我正好就可以看到她的一大半個豐乳了。」

「我還以為是我眼花哪！」這時我才恍然大悟的說著。

我們是遲至初二才南下，那是由於工作上的關係，而我們平時裡也是難得回去的，所以趁在過年後業務比較清閒的時候，索性就多請了幾天假，而在南部多玩了幾天。

　　鄉下的生活總是令人感到無比的悠閒舒暢的，可惜幾天的假期，也一晃就過去了，而我們也只得回臺北了。

　　初五我們回到了臺北，已經是十一點多了。我們叫了一部計程車，其實平時裡我們寧可搭公車的，而我們一向儘可能過著儉樸生活，這是我的生活哲學之一；而我的另一個生活哲學，就是不炫耀、不誇張、不刻薄。

　　穿過王太太家的門口時，我們正奇怪著她家的燈火怎麼那麼的通明，又見到幾位鄰居也都聚在那裡，他們在一起七嘴八舌的，聲音很吵，我心想八成有什麼事情發生了。

　　我們提著行李趨前，但見王太太家裡的衣物零亂不堪，連櫃子、櫥子都被砸壞了，無可否認的，那似是已被翻箱倒櫃過的了。

　　「李太太呀，……妳看我家遭小偷了，妳看，門鎖被撬壞了，東西也亂丟了，我怎麼辦嘛！我怎麼那麼倒楣呢？沒回去幾天的，小偷就來了，真是可惡呀，你想我該怎麼辦嘛！」王太很傷心的說著。

　　「怎麼會這樣呢？」我很驚訝的問著。

　　「也不知道呀，我不是跟你們說過了嗎，我今天才會回來的？我一回來就發現大門被撬壞了，門是微微敞開著的，而這時我就知道事情不好了。果然是遭到小偷了，唉，我怎麼這麼的倒楣呢，我還沒搬來幾天呀！而這小偷倒也靈光，好像嗅得出來我的家裡有錢一樣。」

　　過年回南部的這一趟旅途，是太勞累了，而且我也該回去看看我家到底有沒有遭到小偷的光顧，所以我就安慰

王太太幾句話就告辭了。張太太也說她要走了，我們就一道的上了樓梯。這時張太太湊過來忍不住的小聲的說：「活該，活該！」

而張太太看到我一臉的詫異神色，她就接著又說：「活該，真是活該，在麵攤那邊，也不管是不是熟人的，她逢人就是嚷著的說這、說那，而且又說過年要回去東部啦，活像廣播電台一般，就怕別人不知道她家的底細一樣！」

我嘆了一口氣，我心想：李太太也怪可憐啦，搬來不久就遭到小偷光顧。不過我繼之又一想：她也太不知檢點了，連個什麼時候家裡沒人在家的，也都到處的嚷嚷著。

我試了一下我家裡的門鎖，幸好還好好的，沒有動靜，似乎小偷沒有來過這裡。

（刊 1986.08.09 台灣日報）

蛇

　　鴛鴦仔穿過了廚房，就到後面的柴房去了。鴛鴦仔推開了虛掩的大門，而柴房裡那一股潮濕的霉味就迎面的飛撲了過來。也難怪的啦，這間柴房是用薄薄的石灰塗抹在泥巴和竹篾上當做外牆用的；此外，也另有虛掩的門和用著幾根綠竹子搭建的另一扇窗戶可以通通風而已，房裡怎能不潮濕呢？何況地面上又儘是用黏土壓成的，而那黏土也是會吸水份而潮濕的。

　　鴛鴦仔伸出了纖細的雙手，她用力的抽出那疊在一起的乾柴；突然她聽到牆的角落裡有一陣陣的窸窣聲。鴛鴦仔心裡害怕著，她急切的望了過去；但見在一片雜七雜八的乾柴上面，那裡只有蜘網遍結著，卻是一點也看不出有什麼不正常的樣子。她以為這是因為自己太緊張了，太「杯弓蛇影」一般的怕著的；其實，這也不能怪她呀，那柴房裡是經常有蛇類出沒著的，鴛鴦仔就看過好幾次了。那些蛇總是吐著紅信，嚇死人了！

　　鴛鴦仔等了一下，看看又沒有什麼動靜了，鴛鴦仔才

又心安的去抽出那一些乾柴。可是，當那些木柴尚未抽出來時，那一聲聲的窸窣聲又倏然的響了起來，接著她看到了蛇從容的爬過另一個角落，那是足有碗口粗大的蛇。鴛鴦仔嚇得手腳冰冷的，楞在當場不知所措。

又經過了一剎那的時間，她才醒覺的驚慌著一面奔逃一面呼叫著：「蛇！蛇！」

「阿母，蛇！蛇！有蛇！」鴛鴦仔驚魂未定的呼叫著。接著她好像大難臨頭般的嚎啕大哭了起來，那是無依無靠孤單的恐懼。

「哪裡有蛇，哪裡有蛇！」阿母頭也沒回就叱責著她。

「在……，在……，在柴房裡。」鴛鴦仔含著無限委曲的聲音，斷斷續續的說著。

「哭，就只知道會哭！有蛇就用棍子打呀！把牠打死好了！」阿母依舊頭也不回的頓了一下，接著好像突然想起什麼似的叫了起來：「柴……，木柴……呢？」

「我怕呀，我怕呀！我沒有拿到木柴呀！」鴛鴦仔顫抖著聲音說著。

「要死了，妳去了那麼久，木柴都沒有拿回來一根！我怎麼燒飯呢？」阿母拿著挑柴火用的火叉子朝著鴛鴦仔就打了過去，鴛鴦仔急忙的一躲。

「還敢躲呀，還敢躲，……去，去拿木柴回來！……拿回來再挨打！」阿母恨恨的說。

阿母也真是很累的，她整天忙碌著，東忙西忙的忙個不停，依舊沒法休息。

　　鴛鴦仔唯唯諾諾的又回到柴房那邊去了，她一個步伐一個抖索著的走近了柴房。她光著腳丫板在泥巴地上，更涼得她整個人都震顫了起來。後來，她就分別不出心裡的涼意到底是怕蛇還是地面太冰涼了。蛇，那種軟軟膩膩的樣子，那種吐著血紅的舌頭，咧著銳利門牙的模樣，看了就令人恐怖；可是她知道阿母的鞭子更是痛楚的主要源頭了。是哪一次呢？阿母曾拿著火叉子燙著鴛鴦仔的小腿肚子，燙得鴛鴦仔昏厥了過去！等到燙傷好了，她的腿肚也還留下一道深深的疤痕！

　　鴛鴦仔想到她阿母銳利的眼神以及她毫不留情的鞭打處罰，她的心裡就佈滿悲憤和恐懼了。那蛇真是那麼的毒嗎？鴛鴦仔並不知道。但比較起來，阿母給她的陰影更是令她心生畏怯。鴛鴦仔鼓起了勇氣抓了一根木柴就急著跑出了柴房。她仔細的在柴房外面聽著柴房裡的動靜，直等到聽不到任何什麼的動靜時，她才又跨進柴房抓了一根木柴又跑了。然後她再摒息的聽著動靜，等到沒有其他什麼動靜時，才又跨進柴房抓了一根木柴。

　　然後，她再摒息著聽著裡面的動靜。她就這樣的反覆著，才把許多的木柴拿到屋外去了。等她看看已夠一綑了，而她正感到對蛇的恐懼去除的輕鬆時，阿母的那一聲悽厲的呼叫聲卻又驚嚇了她！

　　「還不快點搬來，……要死了，去了那麼久，柴都快燒完了，……還不快點搬來，死查某囝仔……呀。」阿母叱責著。就是隔著那麼遠的一段距離，阿母的叱責聲依舊

很是刺耳。阿母的聲音一向很大的，連隔鄰的阿嬸私底下也總是叫她是「火雞母」，由此可見她的聲音是又大又兇的。

「來啦－。」鴛鴦仔趕忙應著，抱起木柴就跑了，她是再也無暇去想任何的恐懼了。鴛鴦仔把木柴擺在阿母的腳丫子旁邊，氣息依舊喘急著的，她正等著阿母的處罰呀。而那是阿母剛剛才說過的話：拿了木柴回來再處罰妳！可是阿母好像忘了剛剛她才講過的話了，她只顧著把木柴攤開著，然後一根一根的放進灶子裡去，接著阿母又一面叫著：「還不快點去接妳弟弟回來！」

鴛鴦仔一聽到要去接弟弟回來，她頓然感到很是高興的，因為阿母竟然忘了要處罰她；何況她又可以去接弟弟了。而去接弟弟回來的差事，那是她最為自由的時刻了。去接弟弟的差事，喔，那也是她最最輕鬆的一件事，最最高興的一件差事了。她的弟弟只有六歲而已，阿母就常常讚美弟弟很聰明，將來一定可以做大人物，賺大錢的，說不定還要當醫生的，所以就送他去上幼稚園了。

鴛鴦仔最喜歡去接弟弟了；那個幼稚園是附設在小學裡面的。在小學裡，還有溜滑梯、蹺蹺板、鞦韆等可以玩耍；還有花圃裡種了許多的各種顏色的花和草，很是漂亮。她的弟弟也曾說過：「那些花草都是五年級老師種的，真是漂亮。」在平時裡，鴛鴦仔是沒有機會到小學去玩的，除了去接弟弟的時候以外。其實鴛鴦仔不只喜歡到小學裡去玩盪鞦韆，她更喜歡去上學讀書。有幾次鴛鴦仔早到了

一點，那時弟弟還沒有下課，她就站在教室門口看著那些
學生在畫畫，還有一個教室裡有老師在講著故事。

　　在這一路上的，鴛鴦仔走過了小小的林道；而那林道
上鋪著大大小小的石頭。而那條石子路雖然有點扎腳，若
是下起雨來還是比走在泥濘路上好走的。她一路上的蹦跳
著，「嗚－－」有一列五分仔車緩緩的駛了過來，而這時
的鴛鴦仔又情不自禁的看著那輛小火車在行駛了。小火車
先是在遠遠的地方，一如並排的火柴盒，接著就慢慢的變
長變大了，小火車頭冒出的黑煙有如長長的飛龍一般的，
翻躍在碧綠的田野裡。

　　火車是越來越近了，那「匡噹──」的聲音也更隱約
可聞見了。而小火車的大輪子上，也有一些白煙在冒出來，
那是冒出來的水蒸氣，它的氣息是喘喘的「嘖嘖」的叫響著。

　　鴛鴦仔可不知道那小火車是那裡來的，也不知道它要
上那兒去了。鴛鴦仔她只是想著：一定是從很遙遠的地方
來的吧！鴛鴦仔常常想著要去搭火車的，其實為什麼要去
搭火車呢？她並不全然確切的知道。她只是一心的想著，
坐火車就如同乘坐在飛龍的身上一般，一定很有趣味的啦。
而火車又「呼嚕──」的走了，也越走越遠，走到後來它就
轉向白甘蔗田那裡去了，接著就不見蹤影了。鴛鴦仔不知
道火車走向那兒去，或許是到一個很美麗的王國那裡去
吧！

　　等到火車全然的不見了，鴛鴦仔這才猛然想起要去接
弟弟的事來。弟弟是上個月才去上學的，他每天總是揹著

他的小小書包。那個小書包是棉布做成的，上面還縫了一隻可愛的小白兔；其實弟弟並沒有什麼功課的，他也沒有像小學生那樣的要寫字、畫畫的。他的書包裡也不是帶著鉛筆、畫筆的；不過弟弟每天上學去時，還是會揹上他的小書包。其實，弟弟的小書包常常是空空的，什麼東西都沒有；不過，有些時候他倒會放上幾張彩色的玻璃紙，或者是一隻折疊好的紙飛機。

　　鴛鴦仔最會折疊色紙了，她常常拿著一張色紙折來折去的，有時折成一架飛機，有時折成一隻鳥，有時也折成青蛙的樣子，她折起東西來那是又像又快速的。

　　鴛鴦仔到了學校以後，幼稚園已經放學了；她看到教室裡只剩下幾個小朋友還沒有走，她就知道他們是放學了，可是她沒有看到丫雄仔。鴛鴦仔急得差一點就要哭出聲來，她一路的跑出校門一路的呼叫著：「丫雄仔！丫雄仔！」

　　在鄉村的午後，只有知了在樹上長嘶著，鴛鴦仔雖然奔跑了一段路，依舊看不到丫雄仔的蹤影。這時鴛鴦仔突然想起來，說不定丫雄仔是跑去溜滑梯、盪鞦韆了，所以她又折回頭跑到了學校。

　　太陽是太燠熱了，汗流浹背的，她氣息喘喘的；鴛鴦仔是太累了，她已經跑到兩腿有點軟綿綿了。可是，她一點也不敢慢下腳步來，她擔心著萬一找不到她的弟弟，如果弟弟被壞人騙走了，那麼阿母不把鴛鴦仔活活的打死了才怪。

　　她進了大校門，鴛鴦仔果然看到ㄚ雄仔正在用力的盪著鞦韆。而這時的她，才突然的放下了心來，接著她有一股生氣油然而生的。她想著自己跑了那麼長的一大段路，正急著找他呢，而弟弟竟高興著在盪著他的鞦韆，真是可惡的很，怎不令人生氣呢！

　　「快點回家啦！」鴛鴦仔沒好氣的大聲的叫著弟弟。

　　「姊，我再玩一下嘛！」ㄚ雄仔央求著，他還意猶未盡。

　　「姊，妳看！」ㄚ雄仔興奮的鬆了他的一隻手，他好像想拿他背後的小書包；可是鞦韆一個不穩，ㄚ雄仔就整個人跌了下去。

　　這時，鴛鴦仔嚇了一大跳，她急忙的跑向前去；只見弟弟的右腳已經擦傷了，那血卻慢慢的流了出來的。唉，鴛鴦仔這個禍是闖定了，而這個禍事的發生，竟把鴛鴦仔嚇得面無血色。

　　「哇，姊 ── 。我好痛，好痛ㄝ！」地上的ㄚ雄仔抱著腳直喊著痛。

　　「哇！」這時，連鴛鴦仔自己也嚇哭了。但是，她仍然很迅急的伸出手來拉起ㄚ雄仔，她是很惶恐著的。

　　而後，他們兩個人就這樣的手牽著手，一路的哭著走出了校門。不久他們兩個人才止住了哭聲，ㄚ雄仔已經忘了他的傷痛，而又像以前一樣的頑皮的一路的踢著小石子回家，他又是嘻嘻哈哈的一個小孩子了，他已經全然忘了跌倒的痛楚。

　　「阿母 ── 。」兩個人異口同聲的叫著。

「ㄚ雄仔，今天幼稚園裡吃了什麼點心？」阿母親切的問著。

「吃豆沙包呀，好好吃哦！」ㄚ雄仔興奮的說著。

「咦，怎麼啦？」阿母蹲下身子仔細的端詳著ㄚ雄仔的擦傷。

「盪鞦韆，盪鞦韆摔的。」

「怎麼又去盪鞦韆呢？鴛鴦仔，是不是妳帶他去的！我不是早就叫妳不要帶他去盪鞦韆嗎，妳卻偏不聽！」阿母伸出手來摑了鴛鴦仔一個耳光，把鴛鴦仔打得頭昏眼花的。

「是 ── ，是他自己摔的。」鴛鴦仔吃驚得有點口吃了起來。

「還怪別人！」阿母又是一個巴掌打了過來，打得鴛鴦仔眼睛直冒金星：「去，自己去罰跪！」

鴛鴦仔滿腹的心酸，蹣跚的走向客廳。在客廳裡，那裡除了神明桌以外，就只有一輛斑駁的腳踏車了，還有的是幾張有靠背的竹椅子和小矮圓凳子。

也不知道阿母是那兒學來的，每次罰站，總要鴛鴦仔頭頂著小矮圓凳子。而這時鴛鴦仔就隨手拿起一張小矮圓凳子，自己雙腿一彎的就跪了下去，但她的眼淚也就連串的滾了下來。

「為什麼阿母會對我那麼的兇呢？」鴛鴦仔的腦子裡浮現出一個很大的問號，其實這個問號是長久以來就有的了：「阿母對弟弟並沒有那樣的狠心呀，但對鴛鴦仔卻是

那樣的狠心，阿母為什麼會那麼的狠心呢？」

　　鴛鴦仔想著自己常常挨打挨罵的事，她也想著蛇的恐怖以及阿母木然的眼神，她真是越想越傷心了。

　　阿母那麼討厭鴛鴦仔，會不會因為鴛鴦仔是『前人子』的關係呢。鴛鴦仔有次曾聽到阿爸勸著阿母說：「唉，前人子也是人呀，何況她還是小孩子，妳又何必那樣打著她罵著她呢？人家會講話的。」

　　「那是她太懶惰了，又喜歡欺負她的弟弟。每次叫她做一點事兒，她就都偏不做，哪來的飯給她吃呢？我們又不是有錢的人家！」

　　鴛鴦仔並不知道『前人子』是什麼意思，不過有一點可以明白的，就因為自己是前人子的關係，所以才會和弟弟有不一樣的待遇！想著，想著的，鴛鴦仔就嫉妒起弟弟來了。弟弟怎麼會有那麼的好命呢？他年紀小小的就可以去花錢讀書，又不要做什麼事，而整天裡就只會玩，而鴛鴦仔卻要整天做牛做馬的被媽媽喚來喚去的。火車又嗚嗚的叫著了，鴛鴦仔不自覺的夢幻著很遙遠的地方，她希望能夠遠遠的離開這裡。

　　鴛鴦仔跪著跪著的，腳就跪痠麻了，腰也跪痠痛了，她渾身的不舒服。她偷偷的動了動兩下她的雙腿，然後又挺一挺胸膛，舒展了一下筋骨。幸好阿母不在身邊，否則她又要挨打了。鴛鴦仔看過電視劇裡演的後母虐待小孩的事，那後母不但給那小孩粗活做，又不給他飯吃，而且還會常常動不動的就是打罵他。那後母總是儘量的虐待著發

洩著，只差沒有把他虐待致死而已。鴛鴦仔猜想著她的阿母會不會也是後母呢？不然她怎麼也會那麼的兇呢？從她有記憶開始，就沒有見過阿母給過鴛鴦仔任何的一個好臉色。

　　「阿母！蛇，蛇！」突然丫雄仔在後園子裡大聲的喊叫著，那聲音是很驚恐的，驚恐到很尖銳而悽厲。鴛鴦仔這時一躍而起，她沒有來由的就急著去救她的弟弟，可是她的兩腿正痠麻著啦，所以她一個跟蹌的就跌倒了。

　　「姊，姊，蛇 ── ，蛇，救我 ── ，救我！」丫雄仔依舊在後園子裡顫抖著聲音喊叫著，那聲音很是悲悽、恐懼。

　　這時鴛鴦仔奮不顧身的站了起來，慢慢的挪動著她的兩腿，慢慢的一步步的走了過去。鴛鴦仔的腿確實太麻木了，麻木得一點也不能使力！鴛鴦仔又呆了一會兒，她的腳才不再那麼的痠麻。鴛鴦仔拿起門旁的棍子，就急急的跑了過去，丫雄仔就站在菜園子裡，兩腿好像釘下去的柱子一般的一動也不敢動的，他的眼睛瞪得老大一把的，那是一副恐懼與無依無靠的模樣。

　　鴛鴦仔想起了：阿母說過的，遇到了蛇就用棍子打！可是當她跑過去，那蛇早已被嚇得往另外的一個方向滑行而去了。但是鴛鴦仔也不甘心的又追了過去，只因她見到了弟弟被蛇嚇成那麼呆愣的一付模樣，她要保護著弟弟。她趕了過去，也不知道是那來的膽量了，她一棍子的就打了過去，竟把蛇打中了。而那尾蛇，牠不再滑行了，反而

頭尾在原地蠕動著，牠的身子被打成兩截了，而這時的鴛鴦仔反而突然的才害怕了起來。

「打死了，打死了！」鴛鴦仔帶著恐懼和興奮的喊叫著。

「什麼事呀，什麼事的呀！」八成是阿母聽到ㄚ雄仔的呼救聲，才不停的從對面的小路上一直的跑了過來，而她的手裡還提著一個紙袋哪。

鴛鴦仔知道那個紙袋裡，裝的無非是包子或者炸糕等的東西，而那些東西都是令人淌口水的東西；可是她也知道那些東西只有弟弟才能享用到，從沒有鴛鴦仔的份。

「阿母，嚇死人了，嚇死人了，有蛇嘞，有蛇要咬我嘞！」ㄚ雄仔偎著阿母，口吃著說。

「蛇呢，蛇呢？在那裡？」阿母依舊慌張的說著。

「是姊把牠打死了，姊好厲害嘞！」ㄚ雄仔興奮著的說著。

阿母抬起頭來，望了那尾蛇一眼，也望了鴛鴦仔一眼。鴛鴦仔知道的，她看也不用看的，阿母的那個眼神裡一定是含著嫌棄鴛鴦仔的意味，那是一定在催促她走開的意思。鴛鴦仔低下了頭，知趣的朝著屋子裡走了進去，這時她好想回到床上好好的再哭上一場！

「鴛鴦仔呀，來，鴛鴦仔呀，來吃個包子 ── 。」阿母柔聲的呼喚著鴛鴦仔，那是從來也沒有過的，並且遞了過來一個包子說：「來吃一個吧，鴛鴦仔，來吃個包子── 。」

（台灣日報 1987.10.02）

銀　圓

　　豪仔熬到了放學的時候，就顧不得那個通常一起上下學的小玉了，豪仔興奮得連跑帶跳的狂奔了起來。南部的雨依然淡淡的下著，已經連下了好幾天。在泥濘的地面上，雖偶然才會有積水，如果不經意的踩進去，那污水就會濺得在制服上霍然開出幾朵的黑玫瑰。而這是很令人討厭的事，說不定還會惹來媽媽的臭罵一頓；但在今天，豪仔卻是一點也不介意的。事實上，他也是興奮得管不了那麼的多了，他只是一心急著回家，急著把這令人興奮的事情告訴媽媽。

　　鄉村的林道，兩旁經常盡是高聳的木麻黃樹，那些樹木都足有幾層樓的高，而在斜風細雨下總是把枯黃的針葉灑落了一地。豪仔計畫著：過幾天就是假日了；到時候可以來揀拾一些針葉子回家當柴燒。木麻黃樹葉是很容易點燃起來的，所以經常是當母火的好材料。當它們「劈啪」的一聲，火就整個燃旺起來。揀拾那些針葉子最是簡單了，別看它們零零亂亂、參差不齊的，其實用個五爪耙仔一拖

的，就可以很容容易易的把木麻黃的針葉子攏成一堆，然後裝進布袋裡。

豪仔是小學三年級的學生，個子小小的；但卻掩不住他一臉的精明相。打從入學伊始的，他就一直保持著班上第一名的寶座，他總是老師嘴裡讚不絕口的好學生。其實，他不只是功課好，而且還乖巧的可愛的很，很聽話又守規矩，他不像別的學生總是愛吵吵鬧鬧的，別人都是無時無刻不在爭吵著的，令人煩都煩死了。

豪仔一直是班上的第一名，他是永遠令父母驕傲的兒子；就以這次的月考來說，雖然那一科數學是很難的，但也難不倒他。他還是考了一個滿分的成績，而其他的同學們則都是最多也只有八十分而已，有的差的甚至是抱個鴨蛋！

而在這一次的月考，他又是理所當然的通通考了一個滿分。滿分呀，那阿爸又要給他一個銀圓當獎品了，而媽媽更要笑眯了眼，也可以逢人就誇一誇自己的兒子的好成績，炫耀一下，而這是多麼光彩的事呀。

阿爸曾經許諾過的：有誰通通考滿分的就獎他一個銀圓。而這對豪仔來說，他讀好書並不是為了拿到獎品；但是阿爸的承諾對他來說，依然好有吸引力。何況在那時候的鄉下裡，小孩子只有泥巴和簡陋的自製的風箏、木偶可以玩，再不然就是到野外去追星趕月的啦、捕風捉雨的啦：比如釣魚去啦、釣青蛙啦、抓蝦啦、摸蚌啦等的。哪像現在的家家戶戶有電視、電動的或者機械動力的火車、汽車

等當玩具；甚至於是買一座鋼琴、一把小提琴等的樂器，用來培養小孩子的音樂氣質。

對於銀圓的事，豪仔曾經得過幾次的啦，拿著那個銀圓，那是厚厚實實沈甸甸的感覺，比起五角錢的銀幣真的是大得太多的了。而在其幣面上的盤龍又是栩栩如生的，如果敲敲銀圓的邊緣，再湊近耳邊傾聽一下，那枚銀圓的悅耳嗡嗡聲就是一種不絕如縷的輕脆聲了，有著迴響，也著實可愛的很。

我們也不能說，那枚銀圓是買不到東西的啦，雖然說那個銀圓，現在已不是可流通的法定貨幣的啦。

其實豪仔跟過爸爸到街仔去過的，他們去過那家燈火明亮的銀樓賣掉過幾枚銀圓；而且一個銀圓啊，還可以賣兩塊錢的耶，如果用來換成水果糖的話，那可就有好幾斤重了。

其實，豪仔一點也不存心想把那枚銀圓賣掉的，他只是想擁有它而已，何況既使自己真的想賣掉，阿爸也不會答應的！

豪仔奔過了村道，走過窄窄細細的田埂，而兩旁是無垠的稻田，綠油油的臨風招展著。一陣陣和穆安詳的氣息飄過來，令人感到無限的安適。

臺灣呀，那是一個四季如春的寶島，稻米的穀倉，原本只供應島上的居民食用，讓台灣人足夠豐衣足食的代代相傳；可惜歷經二次大戰日軍的徵伕、盟軍的空襲，以及大陸撤退時的紊亂，臺灣竟致百業蕭條、民生凋敝了。豪

仔想著：幸好阿爸有公糧，否則阿爸的重擔要更難以承受了。阿爸原住在香港，當日軍佔領香港以前，他就匆匆的逃入大陸內地去當兵了，其實他一直做著後勤的修護的工作，從未實地的作過戰，而在大陸變局以前，阿爸又隨著部隊早早的撤退到臺灣了。

　　俗話說得好：「賣磁碗的人，自己使用缺口磁碗吃飯。」，此話果真不假。以本地人播種稻穀為例子來看，雖然那些農民千辛萬苦種出來的穀子都是黃澄澄的，卻都是用來出售換錢的，然後再以換取廉價的蕃薯籤來自己度日生活著。

　　豪仔跑得氣喘如牛的，但他依然無意停歇下來。他是興奮過頭了，跑起步來顯得橫衝直撞的；所幸鄉下的地方，人車稀少，並無礙行人的安全的。豪仔急著把這個好消息告訴媽媽，好拿個銀圓當獎品，而且這一次他一定要好好的收藏好。

　　說到前幾次他得到的那個銀圓，那也真是很奇怪得很的哪，好端端的擺在書桌抽屜裡或者書包裡，就是沒有幾天的時間，那枚銀圓就不曉得要搞到那裡去了！雖然前幾次他得到的銀圓，都是令人惋惜的無端的消失了，但是豪仔依舊很是高興，他就是想要告訴媽媽這個好消息。

　　豪仔抬頭看看那遠方幾百公尺以外距離的那一整排眷舍，每間眷舍的庭院都隨處栽種著果樹，比如：木瓜、芒果、椰子、楊桃等；有些人家還種著長春藤和九重葛，把圍牆裡外點綴得很是綠油油的。而且家家戶戶在那相鄰的

圍牆上還會林立著一瓦盆又一瓦盆的花草吶。那些盆花有的是偶爾送出來見見太陽、滴一滴露水的盆栽；而有一些則是常年養在那裡的。眷村的媽媽們大多守在家裡忙著打理家務事；就以他的媽媽來說，也是一年到頭在辛苦操勞著家務事。他的媽媽每天要打點子女的起居生活，尤其在過年過節時更是忙碌的哪。臺灣，對這些眷村的婦女來說，早已把她當個窩了。

　　豪仔很容易的分辨出那最邊間的一戶人家，那個牆角有點斑剝的家；雖然屋子裡不免有一點漏水，會刮進一點寒風的，卻依舊是個令人迷戀的窩。

　　鄉村裡一片的藍天碧野，看著就舒服安閒了；每當正午時分處處就是炊煙裊裊，而顯得尤其的安詳寧謐。炊煙冉冉直上雲天時，豪仔就知道阿母已經開始升炊煮飯了；他一想到就要吃飯了，豪仔就恍惚的聽到自己肚子裡正飢腸咕嚕的叫著，他的肚子餓得快餓癟了。爬過了土坎坡，豪仔忍不住興奮的叫著：「媽，我回來了，我又得了四個滿分，四個滿分耶。」

　　在那矮矮的屋子裡，低垂的茅草可以把那小木窗半遮掩住。一位洋溢著慈祥的中年女人急急的探出頭來應著：「豪仔 ── ，回來啦 ── ，哦，你又得了四個滿分呀，真是了不起呀，你挺神的啦！」

　　豪仔拉著媽媽的手忘不了提醒：「媽媽，可別忘了給我一個銀圓呀！」

　　「一定，一定，等你阿爸回來就給你了。」他的媽媽

把眼角的魚尾紋笑得更是深刻了。

　　豪仔家從大陸撤退來臺時，那些在大陸的田產是搬也搬不動的，只得賤價的賣給別人或者送給別人了，而能帶來臺灣的細軟也早就貼補光了。所幸平日裡還有眷糧可以吃，因此不至於落到三餐不繼，但是日子過得還是夠清苦的了。

　　幸好阿爸的幾個小孩都知道用功，再苦的日子也是忍得有價值的了！大女兒就快畢業了，她讀的是公費的師範學校，三年的教育費和生活費都不用操心了，而這就省了不少錢。而二女兒唸城裡最好的女中，她的升學是不成問題的啦。而這個老么，雖然才只是小學生，卻已經處處表現出他的聰明伶俐了，他每年都拿著第一名回來，真是不簡單呀。你看，今天他又拿回四個滿分的成績了，這是多麼令人欣慰的事呀！

　　看到幾個小孩子都善解人意，都能很努力的用功，即使日子過得再艱苦也無所謂的了，窮苦人家要有出息就只有靠讀好書的了。

　　豪仔匆匆的扒下了三碗飯，那是有炒白菜、有炒小魚脯，還有蘿蔔湯佐餐。吃完飯後，豪仔就自動自發的去做功課了，他一面做著功課一面惋惜著上幾次得到的銀圓。那些紋路清晰的銀圓呀，亮光閃閃的，敲著桌邊湊近耳朵傾聽就有陣陣的碎鈴似的聲音發了出來，嘹亮悅耳得很哪。他記得上次得到銀圓的時候，好端端的放在抽屜裡，上面還壓著一本國語字典；可惜一覺醒來竟是遍尋不著

了。而那次丟掉了銀圓的事，他非但嚇得放聲大哭起來，而且還挨了爸爸的一頓臭罵：「怎麼那麼不小心呀！」豪仔盤算著這一次可要好好的收藏好，別又莫名其妙的丟掉了。

　　等媽媽忙完屋前屋後的家事，太陽也早已偏西了。她瞥了豪仔一眼，豪仔正趴在書桌上睡著了。她憐惜著推了推豪仔，自言自語著：這孩子也怪惹人憐愛的啦，小小的年紀就知道用功讀書，將來一定會有出息的。接著媽媽又關心的叫著豪仔：「豪仔呀，睏了就上床去睡吧。」

　　「唔，唔。」豪仔揉著惺忪的睡眼，迷迷糊糊的上了床去睡了。

　　晚上阿爸回來，聽到媽媽提到豪仔又得了四百分的消息，心裡很是欣慰，他趕忙轉進屋裡去翻箱倒櫃的把那些銀圓找了出來。

　　在二姐放學回來時，豪仔已經把玩那個銀圓好久了。他一手輕輕的拿著那枚銀圓一手拿著小刀柄用力的在邊角處一敲，然後把它湊近耳朵旁；而那一陣陣的金屬振動聲音，就這樣清晰的悠遠的傳進了他的耳朵旁，而那陣陣的金屬振動聲也就清晰的傳進了他的耳骨裡。豪仔很是炫耀他的銀圓說著：「姐，你看銀圓！」

　　「好棒呀，你準又拿了四百分呀！」二姐嚷了起來，她是真心的高興著他弟弟的成績，她是一點兒的嫉妒心也沒有。這些年來姐弟同甘共苦，相處得很好。而二姐也羨慕得很，她接著轉過頭望著爸爸說：「爸爸，你有多少個

銀圓呀，我考一個一百分，你就給我一個銀圓好嗎？四百分給四個。」

　　「當然，當然。」阿爸慈祥的笑了一下。接著他有點不自然的說：「我有很多的銀圓呀，只要你們好好的用功讀書，誰能拿回一個通通滿分就給誰一個銀圓。我存了好多的銀圓呀，都是準備給你們當獎品的，只要你們好好的用功讀書拿回好的成績。」

　　鄉村裡的夜晚來得特別的快、特別的早，而鄉下人也是睡得更是早的啦。當星星還沒有爬滿整個天空的時候，四周的大地已然靜寂一片了，而在十燭光昏暗的燈光下，豪仔正映著滿足的甜甜的睡意睡著了。

　　這時阿爸探了探頭，悄悄的問著他太太說：「豪仔把銀圓擺在那裡？」

　　「在口袋裡吧。」豪仔的媽媽有點不忍心的說著。

　　在有月亮的夜裡，天空是無垠的遼闊，而那無垠的深厚的銀汁月華就那麼樣的傾瀉在大地上，傾瀉在相思樹上了。而讓夜靜寂得只有一點點的蟲聲和風聲，吵雜的人叫聲以及大音量收音機的聲音都沉睡了。鄉村裡的夜，也偶爾會傳來一、兩聲不甘寂寞的犬吠聲，穿破了靜寂的夜色。

　　阿爸的心裡是很沉重的啦，他小心翼翼的把銀圓收藏回紅木盒子裡。而在那大大的紅木盒子裡，原本是幾乎裝得滿滿的；而現在就只有孤伶伶的三個銀圓躲在空洞的角落裡而已了。接著的是，阿爸把木盒子謹慎的鎖進他的抽屜裡去了。那紅木盒子是松樹木板做成的，板子又厚又重

的，而裡外都漆著大紅色漆；還畫著幾棵蒼勁有力的寒梅，栩栩如生。木盒裡原來是裝滿了銀圓的，倒在床頭上數一數，足有二、三百枚呀，扛在肩頭上都要重死人了。幸好撤退時，是隨著部隊一起先走的，有軍機可以搭乘，才沒有半路上把那些銀圓丟棄掉了。事實上，撤退時是人命關天的，有些細軟都已是該丟就丟的了，而丟掉的也不能惋惜了，因為人命最為重要的啦，逃命最為要緊。

　　來臺後，阿爸不時的把紅木盒子打開來，他每打開一次就掉一次淚。而那淚是想家、想親人以及煩憂子女生計的淚水，軍餉菲薄，子女又要吃、穿、養、教。因此經過了這幾年下來，他的銀圓就這樣的變賣精光了。也就是這樣啦，所以就只剩下三個而已了。所幸含辛茹苦的養育著，而子女也都快長大成人了，都快可以開始賺錢貼補家用的了。阿爸想著：「再熬上幾個年頭以後，苦日子就會過去的，就會出頭天的了。」

　　次日，豪仔一覺醒來，他下意識的摸摸自己的口袋；突然他又傻住了，接著他「哇」的一聲嚇哭了出來。豪仔帶著驚恐和悲悽的聲音叫著：「媽媽，我的銀圓不見了，我的銀圓不見了！」

　　媽媽把眼角的淚水偷偷的抹去了，煞有介事的板起臉孔責備著：「怎麼那麼不小心呢？再找找看，找找看，找找看是擺在哪裡忘了的？那銀圓是那麼值錢的東西，怎麼可以不小心的丟掉了呢？」

　　豪仔一面傷心的擦拭著成串掉下來的眼淚，他一面翻

上翻下的在床舖上下找著，他繼續找著那個失蹤銀圓的下落。他確實難以相信的，在睡前他好端端的擺在口袋裡的銀圓，竟會不翼而飛了。他迷惑著，在木板床上翻找著。而且他也爬進了床舖底下去找著，他像熱鍋上的螞蟻在找著他的銀圓。

　　在客廳裡，阿爸把報紙攏近眼前遮著整個上半身。他狠狠的把奪眶而出的淚水拭去，並且遮住那長長的嘆息。他嘆了一口氣，自言自語的說著：春天就快來了！

（刊 1987.10.15-16 中央日報）

好多錢在櫃子裡

　　ㄚ爸又帶了一瓶紅標米酒頭仔走了，他穩是又要在那拐角處的那個小麵攤上切一些滷味喝喝悶酒的了。其實，ㄚ爸也不需要那麼的落魄消沉的，雖然他已經收攤停業了三個多月。鴛鴦仔並不知道ㄚ爸爲什麼會停掉小攤販的生意，她只是約略的聽到大人說，那是做生意失敗了！ㄚ爸並不是做什麼大生意的人啦，他只是租了一個小小的店面，賣著小吃飲食而已啦，他賺的是勞力錢。照說這種小吃店賺多賺少應該是可以維持開銷的，應該不至於做不好的；可是，ㄚ爸卻常常會在客人少的時候就自己喝上了幾杯。

　　而如果說，只是坐下來喝上一、兩杯休息而已；以ㄚ爸的好酒量，那是不會礙事的。可是ㄚ爸卻是碰不得酒的人，他一碰上了酒就會連魂都沒有了，非喝到爛醉不可的。所以他的小吃攤也就經常會提早打烊，而如此這般做生意的樣子，最後當然也很難做下去了！

　　鴛鴦仔不知道ㄚ爸是否在他的心裡面有什麼委屈，她

只是經常看到丫爸獨個兒在喝悶酒、愣著。

　　看著丫爸又出門了，鴛鴦仔本來想要伸手拉住丫爸的衣角隨著出去的；但是她想起昨天被丫母拉回來的失望與痛苦就不敢再造次了，丫母打人還真的很兇的哪！

　　鴛鴦仔如果跟著丫爸去麵攤，那是最好了。那時丫爸總是會切上一些滷雞翅膀、豬頭皮或者鹹煮花生米來下酒。而鴛鴦仔也會分得一雙的筷子，也可以挑著一些下酒的菜來吃；有時丫爸一高興，還會逗著鴛鴦仔喝上一點點的酒。而那酒是辣辣苦苦的，其實也沒什麼好喝的，而鴛鴦仔就是想不出來有什麼樣的理由，為什麼大人都偏愛喝酒。大人都會喝酒、丫公會喝酒、丫媽會喝酒、丫母也會喝酒！不過，久不嚐那辛辣的味道，鴛鴦仔有時也會想起那酒味來而念念不忘的。鴛鴦仔每次喝酒，她的兩頰就會泛紅得一如蘋果般的紅，而她自己也會有一點兒飄飄然的感覺，那也是蠻好玩的。丫爸也就常常這樣的嘆著：「憨查某囝仔呀，喝一點酒更漂亮了。」

　　二姑回來了，二姑帶回來兩大包的生花生。二姑說：「那是昨天剛收成的。」果然那些花生，連沾在殼上的泥巴都還黏黏的，還沒有乾。

　　二姑跟丫母說：「煮一些先吃了，其他的先晒乾，等以後再炒來吃好了。」二姑上個月才出嫁的，二姑丈是種田的人，聽說有點錢，他們有點田產。

　　生花生帶著殼煮來吃，鴛鴦仔只有在小吃攤上吃過，而那也是丫爸買來當下酒小菜吃的。而那煮花生的甜甜鬆

鬆的味道和炒的花生就不一樣了；炒的花生倒常會吃得到的，丫母總是會加上一把鹽巴一起下去炒，她總是用油猛炒幾下就起鍋。丫母常說：「鹹一點好下飯。」炒花生是最好吃了，丫母總是在白米飯上澆上一些醬油，再抓來一小把的花生米就放在碗裡，而鴛鴦仔就這樣過著一天又一天的日子了。

這時鴛鴦仔和兩個弟弟在庭院裡玩著官兵捉強盜的遊戲，而太陽是有點烈燄的，但他們並不會理會。他們只是在曬穀場和屋子裡，東跑來西跑去的互相追逐著。

弟弟最是賴皮了，常常被抓到還不甘心當官兵去抓人；而且，有時候弟弟被抓到了，還要使力的掙脫掉，不然就是往地上一躺的耍賴，他最是討人厭了。

鴛鴦仔並不知道自己做錯了什麼事？只見丫母從廚房裡跑了出來，一手還拿著煽烘爐的扇子；而那煽烘爐的扇子是用竹篾片做成的，邊角很是銳利。丫母劈頭就打了下來，還一面叫著：「怎麼把花生都踩爛了呢，就妳孬大頭的，帶著小的瘋瘋癲癲的。」

「不是我踩的。」鴛鴦仔一邊哭著，一邊否認著。

「不是妳踩的，那是……還會有誰呀，說！」

「我不知道呀，是弟弟呀，我不知道呀！」

「還不承認，幾個小孩子裡頭就數妳最孬了，妳什麼事都只會怪弟弟。我今天就非要把妳打死不可！」丫母瞪著雙眼吼叫著。煽烘爐的扇子就那麼樣的狠狠的落在鴛鴦仔的屁股上、大腿上和背上，而鴛鴦仔是痛楚得有如將被

殺的豬一般的尖叫著。

　　「還哭呀，還哭得那麼大聲喔，哭給誰聽呀？」ㄚ母瞪著雙眼說著。阿母那圓睜的、疲憊的臉顏上就是流露著一股的怒氣與生命的勞累；阿母似乎一下子就想要把那些歲月所加諸於她的那些積鬱與無奈一併打了下去一般，她不停的揮動著煽烘爐的扇子。鴛鴦仔一臉的哀求，一臉的傷心著左閃右躲的；可是那扇子依然準確的打在她的身上。

　　「血，血啊，啊，流血了！」二姑從曬穀場那邊半跑著奔跑了過來，她驚呼著說：「怎麼打得那麼的重呢？」

　　ㄚ母揮著的手暫時的停了下來；但是她猶自怒氣未消的，立在一旁叱責著：「妳看，妳看，把花生都踩成這個樣子了！」

　　ㄚ母向來就是這樣的，她總是整天一臉的無奈與陰鬱著；打從有記憶以來，鴛鴦仔就沒有看過ㄚ母笑過。

　　二姑瞄了一眼曬穀場那邊，壓低了聲音說：「也別打得那麼的厲害嘛，她還只是小孩子而已嘛！」

　　ㄚ母又訕訕的回到她的廚房去了，她依舊冰霜著臉；二姑也跟了過去，而庭院裡依然是空蕩蕩的，兩個弟弟八成是躲到床鋪底下去了。鴛鴦仔依舊坐在門檻上委屈的哭著，只是她的聲音已經沒有剛剛的那麼的大聲了。

　　過了不久，二姑挽著包袱來握著鴛鴦仔的手說：「二姑跟妳ㄚ母講過了，二姑帶妳回去養，二姑給妳好多好吃的東西。」鴛鴦仔唯唯諾諾不置可否的站了起來，家對她似乎一點也無須留戀的。

　　二姑家是在鄉下，他們的房子是白白的石灰塗抹在牆壁上，而窗子是用竹篾鑲製而成的。那裡的菜園，那裡的豬隻，那裡的猴子，對她來說都是很新奇、很新鮮的。

　　而對鴛鴦仔來說，在那田野裡，鴛鴦仔就每天跟著二姑去澆菜、餵豬、養雞鴨了。而最令鴛鴦仔好奇和感到有趣的，就是看猴子和豬仔的打架了。

　　二姑家裡養了七、八隻的大豬，牠們肥肥的肚子都快碰到地上了，她曾聽二姑說：「過幾天，豬就要賣了。」鴛鴦仔還楞楞的問著：「為什麼要賣的呢？」

　　二姑說：「賣了大豬仔，再去買小仔豬回來養，那就可以賺錢了。」

　　「二姑，不要賣嘛，我們的東西為什麼要賣給人家呢？」鴛鴦仔不解的說。

　　「賣了，可以賺錢呀！到時我買一個豬肝回來給妳吃。」

　　鴛鴦仔並不記得豬肝是什麼樣子的了，其實她也只在過年拜拜的時候，才會吃過那種東西。豬肝又不像小魚乾那樣的常常吃得到的，那豬肝在她的印象裡真是再模糊不過的了。

　　鴛鴦仔倒是記得ㄚ母說過，她說：「豬肝很貴哪！」那是因為當初沒有吃過豬肝，所以鴛鴦仔才不敢吃的，而後來經過ㄚ母這麼的一說，她被說動了才動了筷子。記得那豬肝的味道是粉粉的，蠻不錯的，很好吃。

　　二姑家養的那一些猴子，最會欺侮豬仔了，而那些豬

仔都是笨笨的，吃飽了就睡覺了。

　　牠們卻一睡就睡到後面靠牆邊的地方。而這個時候，猴子總是會亮著牠晶瑩的捉狹的眼神快捷的攀爬過那竹竿子，牠們會把後腳往下面一伸，然後就去踢著豬隻；再不然，牠們就是用前手去抓豬仔的身子。等豬隻被煩得睡不著，生氣的站起身來吼叫著的時候，猴子就快捷的又爬到上面吱牙裂齒的叫著，一面搔著頭，一副的怪模怪樣。豬隻在豬檻裡轉著，低吼著，牠們仰著細細的眼睛口吐泡沫咆哮著，而這情景更惹得猴子「吱唔」的叫著，於是豬檻裡就只聽得到猴子戲謔的叫聲和豬隻的咆哮聲了。如此吵雜的，直要吵到二姑奔跑了過來，拿起鞭子打了猴子幾下，猴子才會一副無辜的畏縮的安寧上幾分鐘的時間。

　　但是，等到二姑走了，去忙別的農事了，猴子又本性難移的拖著鏈子下來作弄豬隻了。而豬隻又被惱得在豬檻裡轉來轉去不得安寧。後來二姑就乾脆把猴子綁在蓮霧樹的那邊，這一來豬舍裡才得以安靜很多。

　　二姑家還養著雞鴨，那些雞鴨也常會打架爭食的。

　　每天一大早的，二姑就把混合著粗糠的蕃薯籤往地上灑著，而那些雞鴨就競相奔逐的來爭吃了。而鴨子的體型又大又兇狠，牠們總是一面吞食一面伸著頭「呷呷」的叫著，一副的兇悍相，而且不與雞隻分食。而雞群則在外圍尋找著任何的空隙強啄一口就跑了。如果再有哪一隻膽大貪吃的雞隻只顧啄食而不顧鴨群的兇悍，牠們總是會被啄得落荒而逃的，有時還要掉下幾根的雞毛，那可不是好玩

的事。而這樣子的爭鬥一直要維持到鴨群吃飽了，牠們晃著遲緩的身子大搖大擺的晃到水邊去游水洗澡為止。

鴨子走了，現在又要變成大、小隻雞間的爭鬥了，而這是另外的一幕了。大隻雞威武的鼓著頸項上的羽毛，狼吞虎嚥的啄食著；而小隻雞們則瑟縮在一旁，偶爾才趁隙偷啄上一口解解讒。

等到大隻雞吃飽了，牠們奔跑到田野裡去尋找其他的小蟲子、小蝶子吃的時候，小隻雞才能慌張的撿拾一些殘餘下來的食物，而這就是弱肉強食競爭的生物世界了。

二姑家還種了很多甘蔗，每天傍晚時二姑丈打田裡回來，總會帶回幾根並且在晚飯後就在庭院裡削著吃。

日子過得很快，也不知道是過了多久時間，鴛鴦仔依舊一點也沒有想家的念頭。

那一天，忘了是什麼日子，聽二姑說，好像是兒童節。鴛鴦仔一大早就起床了，二姑就幫她紮上兩個小辮子。二姑最喜歡幫鴛鴦仔紮辮子了，她總是先把鴛鴦仔的秀髮梳直、梳整齊，梳得直挺挺的，再一辮辮的紮著，紮得像大麻花糖一般的扎實。

二姑在未嫁人以前，她就最喜歡鴛鴦仔了。她常常幫著鴛鴦仔紮著辮子，有時還把鴛鴦仔抱在膝上一面幫她紮著辮子，一面說：「鴛鴦仔呀，妳就當我的女兒好了，叫，叫，叫媽媽，叫呀，叫呀！」鴛鴦仔這時常會仰著小臉蛋，經不得二姑一再的催促，她只得怯怯的生澀的叫著：「媽——。」而這時總會惹來，二姑很高興的抱著鴛鴦仔又是

一陣不停的親親。

　　回到家真是好，雖然在二姑家做客，她可從沒有想過要回家的；但是她一回到了家，她還是可以感受到那份的熟悉與親切，很是溫馨。鴛鴦仔未到曬穀場時，就一直的呼叫著她的兩個弟弟。她也不知道為什麼幾天不見他們，自己也從不會想到他們；而現在她倒是一回到了家，就想著他們了，鴛鴦仔很是興奮了起來。

　　 Y 母也來了，她笑著臉，其實那個笑臉還真是難得見得到的。

　　鴛鴦仔跑了過去溺進了 Y 母的懷裡，她望著阿母直笑。鴛鴦仔用最愉快與興奮的眼神看著 Y 母，而這時的鴛鴦仔還在奇怪著：阿母怎的放得下廚房的工作呢？

　　「下午要不要和二姑姑一起走？」Y 母笑著問。

　　「不要！」是那個情緒讓鴛鴦仔那麼果決的回答著呢，鴛鴦仔並不知道。在二姑家裡，鴛鴦仔並沒有任何的委屈，可是鴛鴦仔卻依舊湧出了眼淚。

　　「為什麼不走呢？二姑家有錢，可以送妳去上學呀！」一旁的叔叔插著嘴說。

　　「我的 Y 母也有好多的錢呀，我看到我的 Y 母有好多的錢在櫃子裡。」鴛鴦仔撒著謊。而她的眼淚竟一顆顆的掉了下來，無限委曲。

　　「怎麼樣，還是養不熟吧。」姑丈笑著說。

　　「要不要和姑姑一起回去？」二姑不死心的又問著鴛鴦仔，一面蹲下身子要抱她。

　　「不要！」鴛鴦仔驚懼著、爭扎著,她斷然的拒絕了。她從二姑的懷裡掙脫,就闖進屋子裡去了。

　　這時ㄚ爸搖晃著身子慢慢的跨過門檻,而手裡依舊提著他的半瓶紅標米酒頭仔。

　　「好呀,竟躲在床鋪底下,還不出來和我一起玩,看我今天打不打你們！」鴛鴦仔叫著、鬧著。她也一頭鑽進床鋪底下,去抓她的兩個弟弟。

　　　　　　　　（刊 1988.11.03 台灣日報）

本集各篇主題概述（代後記）

　　〈新鮮人〉主題在談：雖是最沒有利害關係的學生生活，同學間理應最為融洽的，然仍因有幹部與非幹部之別；而幹部又擁有班級活動的指揮權與班費的支配權，若僅一心為己謀利或僅為自己的擁護者謀利，其嘴臉是很難看的。所以想爭取為幹部者，理應先行建立：凡事具備公平、公正、公開、合法、合理，以期獲得所有同學的熱心參與。而所有的同學亦應摒除雜務，共襄盛舉，積極參與班級的活動。

　　該小說最後寫著：「次日，我早早的到共同科系教室去佔位子，我只見到每一張桌子上，都擺放了一本書，很明顯的，那是表示有人佔住這個位子了。接著，我跑到大圖書館去，乖乖隆叮咚，那裡也是滿座的，座無虛席；然後我又慌張的跑到工學院教室，總算找到一個空位子！期末考到了，再沒有人有心情去管別人的八卦閒事，或者『放送』八卦，更沒有人去管『在朝』或『在野』戰爭的屁事。」

　　人很可悲，也很難「寵愛」，給了他悠閒生活，就不

滿這個不滿那個，人人在分派系、爭權奪利；而生活一緊張起來，卻又沒有人有心情去管別人的八卦了，或者『放送』八卦，也更沒有人去管『在朝』『在野』戰爭的屁事。足見那些『在朝』『在野』的戰爭，只不過是過眼雲煙，終將雲淡風輕而消逝。

〈奶奶好久沒看到月亮〉內子和她同學原都是住在南部小鎮上，那時晚上可以在庭院裡納涼聊天；後來她們才先後搬到台北。內子有天回來，她說她到同學家，同學的媽媽感嘆著：「好久沒有看到月亮。」對這句話令我很震撼，因此以工業社會現象、人與人的親情關係、人與天地關係為背景而完成這篇小說。

該小說主題在談工業社會裡分工細膩，人人為圖物質生活的滿足而奔忙，生活步調快速變換，親人難得碰面，遑論晨昏定省、談天說地。尤其人口過度都市化，高樓大廈平地起，水泥建築與柏油路覆蓋整個大地，又有幾個人每天能看到月亮呢？或者說幾個月才能看過一次月亮呢？而工業社會人際關係的淡薄，人與天地的疏離能不令人噓唏？

在工業社會裡，物質生活是進步了，卻讓親情關係疏遠了，更讓人與大自然、人與天地也疏遠了。所以文中，才會有：「沒有關係啦，沒有關係啦，什麼藍色的黑色的都好啦。」奶奶有點沙啞的說著。孤獨令她很是不自在，而且她並不是崇尚物質生活的人，她要的只是親情的慰藉與照顧。所以她才會有：「不過，晚上我要去看月亮！」之嘆。

　　〈暴風雨之夜〉暴風雨時，本來就不適宜戶外奔波，何況僅是爲了玩樂的事。賭是一種令人迷失本性的惡習，也是鬼迷心竅的事；耽樂於賭博的人，除消耗精神與體力外，有時還會耽誤正事的處理，所以往往都不會有好下場。雖說今天是賭場常勝將軍，也難免哪天不陰溝裡翻船。何況鬼迷心竅，無忌憚於暴風雨而外出的危險，那更是易生災難不幸。

　　〈變〉本文寫的是南部的風情及台糖小火車的點滴。並以賭爲背景，然其主題是在談工業社會，人人競逐財富與享受，冀望不勞而獲速成致富，社會道德淪喪，笑貧不笑娼，導致假藥、假貨橫行，荼毒人生；就連賭博都會有詐賭之事，而賭博已屬邪門，賭博中還有詐賭那更是邪門中之邪門。此外就是兼談人世間正道常不如邪道，學術常不如邪術；所以奸詐、狡猾反而得計猖獗，此常令人感嘆天理何在！當然啦，在賭中尋求天理也是枉然！

　　〈阿美孀的手環〉法律與情理有時常是相互衝突的，某件事情在法律上無罪，然其得當與否社會仍有公評。文中提到：「比如大家都耳聞得到：那個副老總經常要求小林到他家洗廚房、洗廁所，但是小林又不是他家工友。又比如說：副老總總是動不動的就找小林麻煩，找小林當出氣筒、派他的不是、打他的官腔。」此種作爲是否得當，而當事人有無收斂可能，值得警惕。

　　在民主國家的社會裡，制法權常是上階層人所享有；渠等是否兼顧中下階層的權益不無疑問。而在實務運作

上，又常是官官相護，所以都是有權與有錢的人掌控了發言權。所以我們也看到了阿美嬸的感嘆：「阿美嬸看到報紙刊登的消息後，就氣憤得連話都說不出來。這世界果然還是有錢人的世界，這是一個有錢人護衛著有錢人的世界，而真理與事實永遠是被埋沒的。有權說話的人，永遠大事化小事，小事化沒事，甚至顛三倒四，不明是非。他們總是維護當權者利益；而維護著當權者利益，那是他們最最有利的事。」

而社會的公評是：「哇，真是出乎意料之外呀，竟然加總起來，有三十八萬八千四百三十元，這是連職員捐的一起算的。而這也是小林平時為人好，人緣好，樂意幫忙別人、關心別人才會有這樣的反應與同情。那每個人捐了多少？這個我會列個清單來公佈。」海山一面騎上他的單車，一面回頭叫著：「我這就把錢送過去，我們這好像是在用我們的捐款來投票一樣，而這就表示我們的眼睛是雪亮的，好人和壞人我們還是很分得清楚。」海山的影子，一溜煙的就溜不見了，而這時就只有阿美嬸還怔在那裡。她一直想著海山的那句話：「大家是在用錢來投票，用錢來表示我們的好惡，而這並不是因為你是有權威的人，所以你講的話就算話。」

如果副老總早知他的行事作為是那麼引起當事人反彈與公憤；而大多數同事對小林的同情與支持，即使標會、典當也在所不惜，那麼那個副老總早該收斂啦，以修心修德啦。

　　〈阿土與彈弓〉本文寫南部風情及孩童生活。很多長大後有成就的人，從其小時的個性與作為即可看出端倪。比如文中：阿土頭也不抬的說：「那你就先回去好了，我非要找一根拔仔材不可。」我勸他算啦，找個榕樹枝用一用，或者找個苦苓枝用一用好了，但他仍是固執不聽話。

　　我們才看到阿土揚著他的彈弓急急的跑了過來，他一臉興奮的叫著：「我用拔仔材做的，好哦，拔仔材真的不好做！」我接過來一看，在深褐色的木頭上浮著一、兩個節瘤，確是拔仔材的料。而那彈弓的木材，不但比我的彈弓粗又扎實，而且還修整得圓渾，一點也不扎手。我想像得出來，阿土一定是咬著他的暴牙一刀一刀的刻劃著的樣子，而那彈弓著實令人一眼望見就會喜歡。我不禁讚賞他說：「哇，做得這麼的好，又漂亮又扎實。」

　　阿土說：「本來昨天就可以做好的，不過找不到釣魚用的牛筋，而改用鐵絲又怕易斷，所以才耽擱了好久的時間。」

　　阿土提議說：「我們到那裡去打鳥，一定會打到鳥，那裡鳥多。」

　　最後點出：「我打到了！」阿土喘著氣並且一把搶過我的彈弓說：「來，來，我告訴你，執弓的手要拿穩，皮帶要拉滿，石子要對準目標，這樣才打得準，而且力道大。」我真的很嫉妒他，我的彈弓比他做的早，也比他玩得早，可是打出去的石子仍然妞妞妮妮不聽話，總是從目標旁邊呼嘯而過，連個羽毛也打不到。

「我告訴你，你們最好先找個固定目標練習，等打得中目標，知道竅門所在，才會打得到鳥。先打死的目標，打固定的目標比較好打；等打得到固定目標，再打會動的目標。」阿土滿臉自信的說著：「我就是先練習打固定目標。」

此文點出阿土的堅持、堅忍奮鬥、寧缺勿濫、事前妥為準備，而這些品性，都是將來會成功的元素。所以，二十年以後，阿火依舊留在家裡種田，農閒時他兼賣著水果；我則北上在職場裡擔任基層雇員工作；而阿土呢？聽說在新大陸的一家很大的公司裡搞企劃案，風光得很呀，而且他已讀完哈佛博士學位。

〈訴〉本文寫下階層阿三嫂的遭遇與其內心裡的悲傷、痛苦與壓抑；係在對人生的悽慘、痛苦的吶喊，以及期待社會多予伸出援手與關注單親家庭及下階層的人口。此外，本文把阿三嫂的情緒出口堵住了，所以全篇文章是在很沉悶的氣氛中展開，令人很容易感受她的苦悶與孤單無依。

〈嫉妒〉有的人會因嫉妒而眼盲，而看不清楚好人的所在；也有的人有崇高情節，足可摒除個人喜怒而見義勇為。而後者是具有人文素養的人，值得鼓勵與敬佩。

〈美麗樹悲歌〉寫少男的單戀以及小女生情懷，與小女生李仙青的悲慘人生。他們因美麗樹而認識，卻也因之而背負淌血的悲哀。

〈偷〉寫的是「她」因寂寞而盼望有人陪著她，不管

是她的老公或者她的女兒都好。尤其更盼望有女兒相伴，卻在感覺上好像女兒已被偷走了。而「她讓那鐵門敞開著，她讓大門敞開著，她要那唯一和外界聯繫的門敞開著。」更是在說明，她害怕孤單與寂寞。

〈嘉平的心事〉人的壓力太大總要找到出口發洩；壓力不宣洩，總有一天必然要爆炸。所以為人父母觀察小孩，如發現有很大差異，即須探討其原因所在；如漠不關心，久而久之成了慣性，則其原因更難偵測而且還會造成更大傷害。

〈幸運號碼〉子曰：敬鬼神而遠之（雍也篇）。其意為：人要先努力於人世間的事情；對於神佛，固然也應崇拜祂們，但不可以完全依賴鬼神的旨意而行事，必須對鬼神保持高度的相當距離。另外孔子的門人也說：子不語怪、力、亂、神（述而篇）。其意為孔子不喜歡說那些：稀奇古怪、好勇鬥狠、造反亂倫的，以及鬼神邪道的事情。

四、五十年前，台中有佛教界就倡導：你有善心，佛就會保護你；不因你信不信佛而有差別。這種宗教肚量是較寬宏大量的。個人這一生，雖未受戒、也未受洗；然仍堅信「善心」為至要。

本文為諷刺小說，所謂「幸運號碼」有時反而是「死亡密碼」；而其主題在於強調過度迷信將走火入魔，凡事以平常心看待即可勘破。

〈迷失的狗〉本文為寓言小說，是寫給小孩子的，告訴他們在小時候，有父母翼覆，那是最幸福的；此外，也

在提醒為人父母者，不管你對子女的教育是嚴厲或是慈愛，在子女還小時似宜多多照顧。

〈父愛〉寫南部風情、眷村生活的點滴以及為人父親的阿逸掛念子女之情，愛他們、關心他們；所以阿逸可以花幾個鐘頭時間騎著腳踏車，千里迢迢的到臺南，目的只為看一看他的子女。

〈王太太家遭竊記〉本文寫炫耀財富的不當，錢財露白易遭覬覦。

〈蛇〉寫鴛鴦仔的勇敢與其愛護弟弟的偉大情操，連偏心的後母都會被感動。

〈銀圓〉寫眷村生活的點滴、眷村生活的艱苦，然為了讓下一代將來能有更好的生活，都非常鼓勵子女多用功讀書，甚至以獎賞為鼓勵。文中「阿爸」亦如是，渠以銀圓為獎賞，然一則銀圓價昂怕豪仔丟掉了，兼且銀圓確實也所剩沒有幾個，恐怕無法滿足將來的需要，因之獎賞之後，「阿爸」即予收回，而此種無奈實為不得不之作為。

〈好多錢在櫃子裡〉寫鄉村的生活點滴，也寫猴子逗弄豬隻的有趣味畫面；更在表達鴛鴦仔雖在家常被ㄚ母責罵、被打，然臨到關頭，鴛鴦仔依舊戀著自己生長的家，不為外面的繁華所引誘，可見子女戀著父母，那是天性的親情所在。（2011.11.17）